ESTE LIVRO PERTENCE A

ALQUIMIA ANCESTRAL

DESPERTANDO O LEGADO DOS SABERES ANTIGOS

FÁBIO DANTAS

ALFABETO

ESTE LIVRO PERTENCE A

____

ALQU
ANCES
DESPERTAND
DOS SABERE
FÁBIO DA
ALFAB

ALQUIMIA ANCESTRAL

DESPERTANDO O LEGADO DOS SABERES ANTIGOS

FÁBIO DANTAS

ALFABETO

Direção Editorial: Edmilson Duran
Produção Editorial: Rackel Accetti
Revisão: Ana Prôa
Ilustrações: Banco de dados Freepik e IA
Capa e diagramação: Bella Diagramação

DADOS INTERNACIONAIS DE CATALOGAÇÃO NA PUBLICAÇÃO (CIP)

Dantas, Fábio

Alquimia ancestral : despertando o legado dos saberes antigos / Fábio Dantas. -- São Paulo: Alfabeto, 2025.

384 p. ; il.

Bibliografia
ISBN 978-65-87905-95-2

1. Alquimia 2. Ervas – Uso medicinal 3. Magia antiga 4. Rituais

25-2405 CDD 133

ALFABETO

www.editoraalfabeto.com.br

EDITORA ALFABETO

Rua Ângela Tomé, 109 - Rudge Ramos | CEP: 09624-070
São Bernardo do Campo/SP | Tel: (11)2351.4168
editorial@editoraalfabeto.com.br

ALQUIMIA ANCESTRAL

DESPERTANDO O LEGADO DOS SABERES ANTIGOS

FÁBIO DANTAS

ALFABETO

DEDICATÓRIA

Este livro é dedicado a todos os nossos ancestrais que guardaram, com silêncio e coragem, os segredos da Terra, das estrelas e da alma.

A todas as mulheres alquímicas – benzedeiras, curandeiras, parteiras, rezadeiras – que foram chamadas de bruxas por ousarem sentir o que os olhos não viam, por curarem com folhas e palavras, por honrarem a lua e por ouvirem os sinais dos astros. Que suas vozes ecoem agora em cada página, livres.

Aos que, em outras eras, lançaram oráculos com mãos firmes, invocaram os ventos com cantos sagrados e acenderam velas com intenções puras. Aos que souberam ouvir os cristais, decifrar os símbolos do céu, colher a medicina das ervas e reconhecer a centelha divina em cada sopro de vida.

Alquimia Ancestral é um tributo a essa linhagem esquecida, mas nunca extinta. É um altar escrito para relembrar o que sempre foi nosso: a espiritualidade viva, o poder da natureza e o mistério que nos une à Mãe Terra e ao Grande Espírito.

Que este livro seja bússola, espelho e chama.
Que desperte em você a lembrança de quem é e
o(a) leve de volta à sua própria magia.

SUMÁRIO

PARTE 3

PARTE 4

PARTE 5

INTRODUÇÃO

Bem-vindo à *Alquimia Ancestral* – um convite para mergulhar nos mistérios, nas sabedorias e nas práticas que nossos antepassados deixaram como legado. Este livro é um verdadeiro compêndio de reconexão com a natureza, com os ciclos da Terra e com os reinos invisíveis que nos cercam. Nele, a magia não é apresentada como algo distante ou misterioso demais, mas como algo acessível, real e profundamente transformador.

A alquimia, muito além da transmutação dos metais em ouro, é compreendida aqui como um processo de despertar interior. A verdadeira pedra filosofal é a consciência, e o verdadeiro ouro é a luz que se acende dentro de nós quando nos colocamos em sintonia com os elementos, as estações, os símbolos e as forças espirituais. Este é um caminho de reconexão com a alma, com a sabedoria ancestral e com os ciclos da vida.

Ao longo dos capítulos, você encontrará ensinamentos sobre princípios herméticos – as leis universais que regem a realidade –, práticas para invocação dos elementos, rituais com as quatro estações, receitas com ervas, banhos, incensos, óleos, resinas e perfumes mágicos. Tudo isso integrado com o uso consciente de decretos, orações e afirmações como ferramentas alquímicas de manifestação.

Também será guiado na criação de um altar sagrado, de um diário mágico e na utilização das forças das fases lunares, dos anjos e dos signos astrológicos como portais de cura, expansão e alinhamento energético.

E para quem deseja praticar a alquimia divinatória, há um capítulo inteiramente dedicado a métodos oraculares acessíveis e poderosos – como o tarô, as runas, o pêndulo, a numerologia e as horas repetidas, além da leitura dos sonhos, cafeomancia e hidromancia. Você aprenderá a utilizar cada um desses instrumentos não apenas como forma de prever o futuro, mas como ferramentas para despertar a intuição, acessar o inconsciente e tomar decisões com mais consciência e sabedoria.

Alquimia Ancestral é, portanto, um livro de práticas vivas, que o(a) convida a sentir, experimentar, transformar e ser transformado(a). Aqui, o sagrado não está distante – ele está no fogo da vela que se acende, no aroma da erva que perfuma, na água que reflete, no cristal que vibra, no símbolo que revela.

Que esta obra seja uma companheira em sua jornada mágica, despertando a sua sabedoria interior, curando suas raízes e reacendendo a luz do seu propósito.

Prepare-se: a alquimia começa dentro de você.

A ALQUIMIA ATRAVÉS DOS TEMPOS: UMA JORNADA ANCESTRAL

Desde os primórdios da humanidade, o ser humano busca compreender os mistérios da vida, da natureza e do cosmos. A alquimia, mais do que uma prática, é uma filosofia viva que atravessa os tempos, unindo civilizações, tradições e culturas na eterna busca pela transformação – do chumbo em ouro, da ignorância em sabedoria, da dor em cura, da matéria em espírito.

Muito antes de chegar ao território brasileiro, a alquimia já percorria os quatro cantos do mundo. Suas raízes mergulham profundamente nas civilizações mais antigas, em que espiritualidade, ciência, magia e natureza jamais foram separadas.

Na Mesopotâmia, considerada o berço da civilização, surgiram os primeiros registros de práticas mágicas, astrologia, rituais com plantas, encantamentos e manipulação dos elementos. Os sumérios, acadianos e babilônios viam na natureza não apenas recursos, mas forças vivas, consciências divinas que participavam da criação.

No Egito Antigo, a alquimia assumiu seu papel mais sagrado. Ali nasce o termo *Khem*, que significa "Terra Negra", origem da palavra *Al-Khemia*, a alquimia. Com Hermes Trismegisto – a fusão entre o deus egípcio Thoth e o Hermes grego –, surgem os primeiros tratados herméticos, nos quais ciência, magia e espiritualidade caminham como uma só verdade. Os sacerdotes egípcios dominavam os saberes da transformação: dos metais, das ervas, dos aromas, das palavras e da própria alma.

Em paralelo, as tradições espirituais da Atlântida e da Lemúria, civilizações míticas e ancestrais, deixaram um legado vibracional que ecoa nas práticas dos povos posteriores. Foram sociedades que, segundo as tradições esotéricas, dominavam a manipulação das energias e o uso dos cristais, dos elementos e dos portais dimensionais – conhecimentos preservados de forma simbólica por culturas como os egípcios, maias, celtas e druidas.

Ao avançarmos para a Grécia Antiga, encontramos a alquimia nos oráculos, na filosofia e nos mistérios. No Templo de Delfos, as pítias – sacerdotisas de Apolo – recebiam visões, mensagens e orientações espirituais que guiavam reis e povos inteiros. Filósofos como Pitágoras, Platão e Aristóteles estruturaram os princípios dos quatro elementos (Terra, Água, Fogo e Ar) e das forças que regem o universo – pilares essenciais da alquimia espiritual e prática.

O Império Romano herdou, preservou e adaptou esses saberes, integrando-os às práticas cotidianas, aos rituais, às festas sazonais e aos cultos aos deuses. O uso das plantas, dos amuletos, dos encantamentos e da astrologia era parte essencial do cotidiano.

No extremo norte, os povos nórdicos e celtas mantinham viva uma alquimia profundamente ligada à natureza. Por meio das runas, dos rituais druídicos, dos ciclos das estações e dos monumentos, como Stonehenge, eles se conectavam aos deuses, às estrelas e aos mundos invisíveis. É aqui que surgem as figuras mágicas de Merlin, Morgana e da Dama do Lago, guardiões dos mistérios de Avalon – um reino onde a alquimia se dava na união dos elementos, na força dos cristais, nas águas sagradas e na comunhão com o invisível.

Na Idade Média, a alquimia se oculta, se esconde e se disfarça. Perseguida pela ignorância e pela intolerância, encontra abrigo nos livros herméticos, nos círculos esotéricos e nas mãos das bruxas e dos curandeiros. É nesse tempo que o trabalho alquímico se revela tanto na transmutação dos metais quanto na busca espiritual: transformar o chumbo da alma em ouro da consciência. A busca pela Pedra Filosofal nada mais é do que o anseio pela iluminação, pela cura e pela expansão do ser.

O Renascimento Hermético reacende as chamas da alquimia na Europa. Redescobrem-se os textos de Hermes Trismegisto, de Paracelso e de tantos outros mestres. A astrologia, a cabala, a magia, a fitoterapia e a manipulação dos elementos voltam a ser estudadas e praticadas abertamente – um prelúdio do que, mais tarde, cruzaria os oceanos.

E, então, esses saberes ancestrais chegam ao Brasil, onde se encontram, se transformam e florescem de forma única. No território brasileiro, a alquimia se reinventa. É aqui que ela se nutre do encontro de três grandes matrizes ancestrais: os povos indígenas, os africanos e os europeus.

Os povos indígenas, primeiros guardiões desta terra, possuem uma relação profunda, direta e espiritual com as plantas, as águas, os ciclos da lua, o fogo e a terra. Cada folha, cada raiz e cada pedra carrega um espírito, uma memória e um poder. O xamanismo indígena é uma alquimia viva que conecta o visível e o invisível.

Com a chegada dos povos africanos, esse caldeirão mágico se expande. Eles trazem consigo os saberes das ervas, dos banhos, das rezas, dos rituais com fogo, água, pedras e elementos. A força dos orixás, a magia dos pontos riscados, das folhas sagradas e dos cantos ancestrais fortalece e expande a alquimia espiritual brasileira.

Dos europeus, herdamos os benzimentos, os ritos cristãos sincretizados com saberes pagãos, os calendários lunares, as orações de proteção, os encantamentos com ervas, cristais, velas e símbolos. As rezadeiras, os erveiros, os magistas e os alquimistas populares mantêm viva essa chama.

No Brasil, a alquimia não é teoria – é prática viva. Está no quintal, no jardim, na beira do rio, no fogo da vela, na reza, no chá, no banho de ervas, no perfume do incenso, na defumação, no cristal na cabeceira da cama, na oração sussurrada ao amanhecer.

MINHA JORNADA COM A ALQUIMIA

Minha história com a alquimia começou no quintal de casa, no pequeno e encantador município de Frei Paulo, no interior de Sergipe. Ali, entre terra batida, pés descalços e cheiro da natureza, eu descobri, ainda criança, os segredos que as ervas sussurravam ao vento.

Brincando naquele chão sagrado, meu olhar curioso encontrava vida nas plantas que brotavam espontaneamente. Em meio às folhas, flores e raízes, eu intuía – sem ainda compreender com a mente, mas sentindo com a alma – que existia um poder oculto na natureza.

Minha infância foi profundamente marcada pelo contato diário com benzedeiras da região – mulheres de fé, guardiãs dos mistérios da cura, que, com seus ramos, sopros e rezas, aliviavam os males que acometiam meu corpo frágil de criança. Foram elas que me ensinaram, sem dizer, que existe uma medicina que não vem dos frascos, mas das folhas, das palavras sagradas e da força invisível que rege a vida.

Ao longo da minha jornada espiritual, trilhei muitos caminhos, visitando diversas agremiações religiosas, aprendendo, sentindo, respeitando e colhendo os saberes que cada tradição generosamente me ofereceu. Esse percurso não foi aleatório – era, na verdade, uma preparação que meu espírito já reconhecia, mesmo quando minha consciência ainda não compreendia completamente.

Foi nesse caminhar que estabeleci uma conexão profunda com os mentores espirituais que me acompanham. E entre todos eles, a presença amorosa, sábia e firme de Pai Benedito de Aruanda tornou-se guia constante. Com seu jeito simples, direto e cheio de amor pela natureza, ele passou a me intuir, inspirar e conduzir na senda da alquimia das ervas, mostrando que cada folha é um remédio, cada raiz carrega um ensinamento, cada banho é um portal de cura e cada benzimento é uma ponte entre o visível e o invisível.

Trago também em minha linhagem a força dos meus ancestrais descendentes de ciganos holandeses, que tinham no sangue o amor pela liberdade, pelos oráculos, pelas plantas, pelos símbolos e pelos mistérios. Uma herança que pulsa no meu peito como uma bússola viva, me guiando na missão de resgatar e compartilhar os saberes ancestrais.

Entendi, desde cedo, que espiritualidade não é algo distante, mas sim uma presença viva no nosso cotidiano – no cheiro da arruda, na fumaça do alecrim, no calor das mãos que abençoam, no sussurro das folhas e no brilho silencioso de cada vela acesa com intenção.

Com o passar dos anos, percebi que tudo aquilo fazia parte de um legado que atravessa gerações, conectando passado, presente e futuro. E é esse caminho, de mãos dadas com a terra, com o sagrado e com a espiritualidade dos meus guias, que me trouxe até aqui.

Agora, te convido a seguir comigo nesta jornada. Que as práticas, os saberes e os rituais aqui compartilhados possam despertar em você a lembrança do que sempre esteve vivo: a força da natureza, o poder das ervas e a magia que habita dentro de cada um de nós.

Para aprofundar essa experiência e abrir ainda mais os canais da alma, preparei uma playlist exclusiva com músicas que acompanham essa travessia rumo à ancestralidade.

· PARTE 1 ·

INICIAÇÃO: O DESPERTAR

INVOCAÇÃO AOS ELEMENTOS

Aqui você inicia uma jornada transformadora que o(a) convida a despertar o(a) alquimista que reside dentro de você. Para celebrar este momento, vamos invocar os quatro elementos que nos conectam à essência da vida e à sabedoria ancestral, evocando suas energias para guiar nosso caminho, integrando-as ao quinto elemento, à Quintessência, ao Espírito, à força invisível que une tudo.

INVOCAÇÃO À TERRA

Oh, Terra sagrada, que sustenta nossos passos e nos oferece a abundância das ervas, raízes e flores! Neste momento, invoco a força de nosso chão, com a estabilidade e a segurança que você nos proporciona. Que a sua energia nos ancore, permitindo que nos conectemos com nosso corpo e com as forças da natureza. Que possamos aprender a escutar suas mensagens e a respeitar tudo o que nela floresce. Que a Terra nos forneça a base necessária para nosso crescimento e nossa transformação.

INVOCAÇÃO À ÁGUA

Ó, Água cristalina, que flui em rios e mares, trazendo a vida e a purificação! Pedimos que sua essência nos abrace, lavando nossas emoções e trazendo fluidez aos nossos pensamentos. Que possamos receber o dom da intuição e da reflexão, sentindo a conexão entre nossas experiências e as lições que a vida nos oferece. Que a Água nos ensine a adaptar e a fluir, como ela faz, permitindo que deixemos ir o que já não nos serve.

INVOCAÇÃO AO FOGO

Sagrado Fogo, que brilha intensamente e arde em nossas almas, nós o invocamos! Que sua luz acenda o fogo da paixão e da criatividade dentro de nós, nos impulsionando a agir e manifestar nossos desejos mais profundos. Que sua calorosa energia nos inspire a transformar tudo o que tocamos, assim como fazemos com a matéria. Que o Fogo nos lembre da importância da coragem e da determinação em nossa jornada alquímica.

INVOCAÇÃO AO AR

Oh, Ar etéreo, que circunda e conecta todas as coisas! Venha até nós e traga suas energias de clareza e comunicação. Que sua leveza nos permita elevar nossos pensamentos e expandir nossa consciência. Que possamos ouvir os sussurros dos ventos e as vozes de nossos ancestrais que nos guiam. Que o Ar nos ensine a respirar profundamente e a nos abrir para novas possibilidades, permitindo que novas ideias e percepções penetrem em nossas vidas.

INVOCAÇÃO À QUINTESSÊNCIA

Oh, Espírito sagrado, que sua luz nos inspire a buscar o equilíbrio entre os quatro elementos, trazendo harmonia e sabedoria para nossos passos. Que possamos sentir sua presença em nossas práticas, nos guiando com amor e verdade, e que essa conexão nos permita experimentar uma transformação profunda. Que a energia dos cinco elementos pulsando em nossos corações e a luz do Espírito nos iluminem, despertando o alquimista que há em cada um de nós. Que possamos reconhecer e honrar nossa capacidade de transformação, sabendo que somos parte do Todo.

ACESSANDO A ANCESTRALIDADE

À medida que caminhamos nesta jornada de despertar alquímico, é fundamental também contemplarmos a influência das nossas vidas passadas. Cada um de nós carrega em sua essência a história de experiências vividas em diferentes tempos e espaços. Essas memórias ancestrais podem estar latentes, moldando a abordagem da vida, das crenças e até mesmo dos desafios atuais.

As vidas passadas são como fragmentos de um mosaico, cada um contribuindo para a totalidade que somos hoje. Elas nos oferecem lições valiosas e conhecimentos que, muitas vezes, permanecem apenas acessíveis no profundo íntimo de nosso ser. Ao reconhecermos e acolhermos essas experiências, abrimos as portas para uma compreensão mais ampla de nós mesmos e do nosso propósito. Tal como o alquimista que busca transformar o comum em extraordinário, podemos também buscar a transformação de nossas vidas por meio da sabedoria que já adquirimos.

Ao praticarmos a alquimia interior, podemos invocar essas memórias de vidas passadas utilizando rituais, meditações e reflexões que nos conectem com aqueles que fomos. Isso pode incluir a prática da visualização guiada, em que nos permitimos explorar cenários que podem surgir como flashes de lembranças ou intuições penetrantes. Por meio dessas experiências, poderemos descobrir padrões repetitivos, medos que nos limitam ou talentos ocultos que anseiam para se manifestar em nossa presença atual.

A jornada pelas vidas passadas não é apenas uma busca por respostas, mas também um convite para a cura. Ao identificarmos e compreendermos as experiências que nos moldaram ao longo dos séculos, podemos liberar fardos emocionais e energéticos que ainda influenciam nossa vida hoje. Essa liberação é um passo essencial na alquimia da transformação, permitindo que nos tornemos inteiros e plenos.

É importante lembrar que o trabalho com vidas passadas deve ser realizado com respeito e cuidado. Conectar-se com essas experiências é, muitas vezes, uma forma de se deparar com dores ou traumas passados. Por isso, encorajo você a se cercar de práticas de proteção e autocuidado, como a invocação dos elementos que já fizemos, e a abrir-se à orientação dos seus guias espirituais. Eles estarão com você, assistindo e sustentando sua jornada de autoconhecimento.

A oração a seguir é uma poderosa invocação que visa despertar a alquimia ancestral que reside em cada um de nós, nos conectando com a sabedoria de nossos antepassados. Ao recitá-la, abrimos nossos corações e mentes para receber as energias curativas e transformadoras que atravessam o tempo e o espaço, permitindo que as lições e práticas dos que vieram antes de nós se manifestem em nossa jornada. Que esta oração nos conduza a um profundo reconhecimento de nossa herança espiritual e nos inspire a integrar essas essências em nossa vida cotidiana.

INVOCAÇÃO AOS CONHECIMENTOS ANCESTRAIS

"Oh, sagrados antepassados que vieram antes de mim,
Eu me apresento diante de vós com humildade e gratidão.
Reconheço a profundidade das sabedorias que me legaram
E os caminhos iluminados que trilharam em busca da luz.

Neste momento, eu clamo, com o coração aberto,
Para que suas energias sejam despertadas em mim.
Que a coragem e a resiliência que vocês demonstraram
Sejam meu guia nas jornadas que estou prestes a trilhar.

Invoco suas bênçãos e sua orientação,
Para que minhas ações estejam alinhadas com suas verdades.
Que o poder dos seus conhecimentos ancestrais
Se manifeste em cada passo que dou e em cada decisão que tomo.

Que as vozes de minha linhagem ecoem em meu ser,
Instruindo-me a honrar as tradições que me pertencem.
Que eu seja um canal vivo de amor e gratidão,
Exprimindo o eco de suas histórias em minhas ações diárias.

Peço que me fortaleçam em minha busca de autoconhecimento,
Que eu resgate a essência da herança que é minha por direito.
Que a sabedoria que vocês adquiriram e cultivaram
Ilumine o meu caminhar e me prepare para o que está por vir.

Que eu permaneça sempre ciente dos sacrifícios feitos,
Incorporando sua memória viva como fonte de inspiração,
A honrar não apenas a mim, mas a todos aqueles que vieram antes,
Carregando o legado que deixaram em meu coração.

Oh, antepassados amados, convoco a força e a sabedoria de suas vidas,
Que me guiem e me acompanhem neste caminho de transformação.
Com respeito e amor, eu me comprometo a trilhar
O legado que vocês construíram, despertando a magia que reside em mim.

Que as bênçãos dos meus ancestrais me acompanhem,
Que seus ensinamentos me fortaleçam,
E que a luz de sua sabedoria ilumine eternamente meu caminho.
Assim é. Assim se faz. Assim se manifesta."

PRINCÍPIOS HERMÉTICOS: FUNDAMENTOS DA ALQUIMIA

Os princípios herméticos são uma coleção de verdades universais que nos convidam a mergulhar na compreensão profunda do cosmos e da nossa existência. Hermes Trismegisto é uma figura mística que combina elementos do deus grego Hermes e do deus egípcio Thoth.

O título "Trismegisto" significa "três vezes grande", refletindo sua sabedoria suprema e seu domínio sobre a filosofia, a magia e a ciência espiritual. Ele é considerado o fundador da tradição hermética e uma das fontes primordiais da alquimia, da astrologia e da teosofia ocidental. Hermes Trismegisto não é exatamente uma figura histórica, mas sim um arquétipo de conhecimento sagrado que surgiu no período helenístico, quando a cultura grega encontrou a egípcia. Thoth, o deus egípcio da escrita, magia e sabedoria, foi identificado com Hermes, que na mitologia grega desempenhava um papel semelhante como mensageiro dos deuses e patrono do conhecimento oculto.

A tradição de Hermes Trismegisto se manifesta principalmente nos textos herméticos, um conjunto de escritos esotéricos que influenciaram profundamente o misticismo ocidental, a alquimia medieval e o Renascimento.

Entre os textos mais famosos, estão A *Tábua de Esmeralda* – que contém o famoso princípio "O que está em cima é como o que está embaixo", base da alquimia e da conexão entre o microcosmo e o macrocosmo – e *Corpus Hermeticum*, uma coleção de diálogos filosóficos sobre a natureza do universo, da alma e da divindade, abordando temas como a iluminação e o destino humano.

Muitos filósofos e cientistas, como Paracelso, Giordano Bruno e Isaac Newton, estudaram os textos herméticos. O hermetismo também influenciou a cabala, a maçonaria e ordens esotéricas, como a Ordem Hermética da Aurora Dourada.

Seus ensinamentos promovem a ideia de que o ser humano pode alcançar a iluminação ao compreender as leis divinas que governam o universo e aplicá-las para a evolução espiritual. Exploraremos a seguir cada um desses princípios, que se entrelaçam para formar uma estrutura holística do conhecimento e da prática espiritual e alquímica.

MENTALISMO

O primeiro princípio hermético afirma que "o universo é mental". Isso significa que a realidade que percebemos é uma criação da mente do Todo – ou do Criador. Assim, tudo o que existe é um produto do pensamento. Essa ideia nos ensina que nossos próprios pensamentos e intenções têm um poder criativo significativo. Ao reconhecermos esse aspecto mental do universo, nos tornamos cientes da importância de nutrir pensamentos positivos e construtivos, pois eles moldam nossa realidade.

CORRESPONDÊNCIA

O princípio da correspondência afirma: "O que está acima é como o que está abaixo, e o que está abaixo é como o que está acima". Essa máxima nos revela a interconexão entre os diferentes níveis de existência. O macrocosmo e o microcosmo estão intrinsecamente ligados; assim, os padrões encontrados na natureza e no universo se refletem em nossas vidas pessoais. Este princípio é fundamental na prática da alquimia, pois nos ensina que a transformação interna pode influenciar o mundo exterior e vice-versa.

VIBRAÇÃO

Neste princípio, aprendemos que "tudo vibra e está em constante mudança". Nada está estático; tudo se encontra em movimento e ressoa em diferentes frequências. Essa ideia é essencial para o entendimento da energia, pois nos ensina que nossas emoções, nossos pensamentos e até mesmo as substâncias materiais possuem uma vibração específica. Ao percebermos essa dinâmica, podemos ajustar nossa energia para alinhar-se a frequências desejadas, sejam elas de cura, amor ou sucesso.

POLARIDADE

A polaridade é o princípio segundo o qual "tudo é dual, tudo tem polos, tudo tem seu oposto". Essa dualidade está presente em todas as coisas, como luz e sombra, masculino e feminino, quente e frio. O importante é que esses opostos são manifestações de uma mesma realidade e, ao entendê-los, podemos encontrar equilíbrio em nossas vidas. Essa compreensão nos ajuda a aceitar as dualidades que enfrentamos, nos permitindo navegar por elas com mais facilidade e harmonia.

RITMO

Tudo flui, para fora e para dentro; tudo tem suas marés. Este é o princípio do ritmo. A vida é um ciclo de altos e baixos, de fluxos, e, ao nos alinharmos a esses ciclos naturais, podemos nos mover com maior fluidez nas circunstâncias da vida. O reconhecimento desse ritmo nos ajuda a ser pacientes e a confiar que, assim como as marés, as situações também mudam e se transformam.

CAUSALIDADE

O princípio da causalidade nos ensina que "toda causa tem seu efeito, todo efeito tem sua causa". Isso nos leva a refletir sobre a responsabilidade por nossas ações e suas consequências. Ao compreender essa relação, podemos ser mais conscientes de nossas escolhas, sabendo que cada pensamento, palavra e ato cria um eco que reverberará no universo.

GÊNERO

Por fim, o princípio do gênero afirma que "masculino e feminino se manifestam em todas as coisas". Essas energias não se limitam a um aspecto físico, mas se exteriorizam em todas as esferas da vida, incorporando qualidades de criação, nutrição e ação. A harmonização dessas energias é fundamental para o equilíbrio em nossas vidas e na prática da magia e da alquimia.

DIÁRIO ALQUÍMICO HERMÉTICO

Você pode criar um diário como um instrumento de transformação interior e conexão com os princípios herméticos, que regem não apenas a alquimia espiritual, mas toda a experiência da vida. A proposta é registrar intencionalmente suas experiências, seus *insights* e suas vivências relacionadas a cada princípio, fortalecendo a consciência e a magia cotidiana.

Sugestão de uso: Reserve um momento do seu dia ou da sua semana para refletir sobre um princípio hermético e escreva livremente sobre como ele se manifesta na sua vida. Você pode iniciar com uma meditação, uma oração ou um ritual simples para abrir o espaço sagrado. Utilize as páginas a seguir para registrar:

1. MENTALISMO – "O TODO É MENTE."

- *Afirmação*: "Meus pensamentos moldam a minha realidade."
- Em quais áreas da minha vida posso usar a força da mente para criar uma nova realidade?

____

____

2. CORRESPONDÊNCIA – "O QUE ESTÁ EM CIMA É COMO O QUE ESTÁ EMBAIXO."

- *Afirmação*: "Tudo está interligado."
- Como posso curar em mim o que desejo transformar no coletivo?

____

____

3. VIBRAÇÃO – "NADA ESTÁ PARADO, TUDO SE MOVE."

- *Afirmação*: "Elevo minha frequência com intenção e consciência."
- O que posso fazer para elevar a minha energia?

____

____

____

____

4. POLARIDADE – "TUDO TEM DOIS POLOS."

- *Afirmação*: "Integro os opostos dentro de mim."
- Como posso harmonizar essa dualidade em mim?

____

____

____

____

5. RITMO – "TUDO TEM SEU FLUXO E REFLUXO."

- *Afirmação*: "Confio no ritmo divino da vida."
- O que posso aprender com esse ritmo?

____

____

____

____

6. CAUSALIDADE – "TODA CAUSA TEM SEU EFEITO."

- *Afirmação*: "Assumo a autoria da minha vida."
- Que nova causa posso plantar hoje?

____

____

____

____

7. GÊNERO – "TUDO TEM O PRINCÍPIO MASCULINO E FEMININO."

- *Afirmação*: "Equilibro as energias femininas e masculinas em mim."
- Qual desses aspectos preciso integrar mais hoje?

____

____

____

____

ESPAÇO LIVRE DE INTENÇÃO E MAGIA PESSOAL:

- **Intenção do dia:**

____

- **Palavra-chave da semana:**

____

- **Sonhos ou sinais recebidos:**

____

____

____

____

✶ **Oração ou decreto pessoal:**

Este diário pode ser enriquecido com desenhos, mandalas, folhas de ervas, frases inspiradoras e outros elementos simbólicos que conectam você ao sagrado.

Use-o como um espelho da sua jornada, um compêndio silencioso que guarda e reflete a sua sabedoria.

ANOTAÇÕES

· PARTE 2 ·

A PRÁTICA DA ALQUIMIA

CRIANDO O SEU DIÁRIO ALQUÍMICO

Um diário alquímico é muito mais do que um simples caderno – é um instrumento de autotransformação, uma extensão do seu altar, um espelho da sua jornada espiritual. Nele, você registra não apenas práticas e experiências, mas também os movimentos internos, as sincronicidades e os sinais sutis que acompanham o seu caminho.

Esse diário não é somente um registro. Ele se torna um espaço sagrado de reflexão, inspiração, cura e crescimento pessoal. Ao escrever, você ancora sua intenção no plano material e fortalece sua conexão com os mistérios, com a natureza e com a sua própria alma. Além disso, pode inserir elementos simbólicos que contribuam para a estética do seu diário, como recortes de revistas, livros, adereços de viagens, moedas, fitas, etc. Tudo o que se conecte com você e seu processo alquímico.

1. ESCOLHA O DIÁRIO CERTO

O primeiro passo é escolher o caderno ou livro que irá te acompanhar nessa jornada. Pode ser artesanal, forrado com tecido, de couro, com folhas recicladas ou até digital, se você se sente mais conectado(a) dessa forma. O mais importante é que ele seja visualmente inspirador para você – algo que, ao olhar, acenda sua vontade de se conectar com o sagrado. Se desejar, personalize sua capa com símbolos, cristais, folhas secas, desenhos ou colagens que representem sua própria alquimia.

2. DEFINA UMA ESTRUTURA DE ESCRITA

Embora seja um espaço livre, definir uma organização inicial pode facilitar sua prática. Algumas sugestões de seções:

Intenções e objetivos: Declare suas metas espirituais, alquímicas ou de vida. Escreva quais aspectos você deseja transmutar, curar, fortalecer ou manifestar.

Rituais e práticas: Anote detalhes de banhos, orações, ativações, consagrações, invocações e defumações, além dos materiais utilizados, sentimentos, intuições e resultados.

Ciclos lunares e sazonais: Registre as fases da lua, os sabás, equinócios e solstícios, anotando como essas energias influenciam sua vida, seus sonhos e sua percepção.

Meditações e reflexões: Anote visões, mensagens intuitivas, encontros espirituais, *insights* ou sentimentos que surgirem em meditações e práticas de silêncio.

Oráculos e sonhos: Registre tiragens de cartas, runas, pêndulo, numerologia, cafeomancia, hidromancia ou quaisquer práticas oraculares, além de sonhos simbólicos, mensagens noturnas e interpretações.

3. ESCREVA COM CONSTÂNCIA E INTUIÇÃO

O poder do diário alquímico não está na quantidade de páginas preenchidas, mas na constância e na entrega com que você se dedica a ele. Escreva sempre que possível, sem julgamentos, sem a necessidade de estar "perfeito". Use-o como se estivesse conversando com sua alma, com seus guias, com o Universo.

Se estiver sem inspiração, pergunte-se:

- "*O que a vida quer me ensinar hoje?*"
- "*Qual é a alquimia interna que este momento me convida a fazer?*"
- "*Quais sinais recebi? Que emoções me atravessaram?*"

Permita-se escrever, desenhar, colar imagens, criar mapas mentais, rabiscar... Não existem regras.

IMPORTANTE:

Em diversas partes deste livro, você encontrará uma sugestão específica do que escrever em seu diário alquímico, relacionada aos conhecimentos, às práticas e aos rituais abordados naquele tema. Assim, seu diário se tornará um verdadeiro mapa da sua jornada, te ajudando a observar a sua própria evolução, as sincronicidades, os aprendizados e os ciclos que se repetem.

Escrever é um ato mágico. Registrar é ancorar no mundo visível aquilo que nasce no invisível. Seu diário alquímico é seu grimório vivo, seu espelho sagrado, sua bússola interior.

4. CRIATIVIDADE E PERSONALIZAÇÃO

Um diário alquímico não precisa ser apenas texto. Sinta-se à vontade para incluir desenhos, colagens, fotografias ou recortes de revistas que representem sua prática e suas inspirações. Você pode criar páginas dedicadas a símbolos mágicos e mantras, ou até mesmo páginas para colorir, caso isso traga alegria ao seu processo.

Além disso, experimente diferentes materiais de escrita, como canetas coloridas, lápis de cor ou caligrafia. Tornar seu diário visualmente atraente pode enriquecer sua experiência e torná-lo mais convidativo.

5. REVISÃO E REFLEXÃO

Reserve um tempo regularmente para revisar seu diário. Isso pode ser mensal, trimestral ou semestral, conforme sua preferência. Olhar para trás nas suas práticas e reflexões não só ajuda a registrar seu progresso, mas também oferece *insights* sobre padrões ou mudanças em sua jornada.

Ao revisar, pense sobre perguntas como:

- "*Quais práticas mais impactaram minha vida?*"
- "*O que eu gostaria de continuar explorando?*"
- "*Como minha percepção sobre a alquimia evoluiu desde que comecei este diário?*"

Essa autoavaliação pode aprofundar sua conexão com sua prática mágica e inspirar novas direções.

A CRIAÇÃO DE UM ALTAR: O SEU ESPAÇO SAGRADO

Um altar é uma representação física do divino, um espaço onde podemos manifestar nossas intenções, honrar nossos ancestrais e nos conectar com as energias do universo. Ao criar um altar, você estabelece um local sagrado que serve não somente como um ponto focal para suas práticas, mas também como um espaço de autoacolhimento e segurança. Aqui estão alguns passos e considerações para ajudar você a montar um altar significativo e poderoso.

1. ESCOLHENDO O LOCAL

Opte por um espaço confortável que ressoe com você, onde possa se concentrar e ancorar a sua energia. Pode ser um canto da casa, como uma mesa, uma estante, um armário ou até mesmo um espaço ao ar livre. O importante é que seja um local tranquilo, onde você possa refletir e praticar sem perturbações.

2. DEFININDO A INTENÇÃO DO ALTAR

Antes de começar a montar seu altar, é essencial definir sua intenção. Pense sobre o propósito do seu altar: o que você deseja manifestar? Pode ser proteção, amor, cura, prosperidade ou, simplesmente, um espaço para meditação e autoconhecimento. Anotar suas intenções pode ajudar a clarificar seu foco.

3. SELECIONANDO OS ELEMENTOS

De acordo com a sua intenção, escolha elementos que você deseja incluir no altar. Aqui estão algumas sugestões:

* **Cristais:** Escolha aqueles que estejam alinhados com suas intenções. Por exemplo, a ametista para proteção e intuição, o quartzo rosa para amor e compaixão ou o citrino para abundância e alegria.

* **Ervas e Plantas:** Utilize ervas secas ou frescas que possuem propriedades mágicas relacionadas ao seu propósito. Você também pode acrescentar uma planta viva que simbolize crescimento e vitalidade.

* **Imagens e Símbolos:** Coloque imagens de deidades, símbolos ou representações que tenham significado para você. Isso pode incluir figuras de ancestrais, mestres espirituais ou símbolos que representem suas intenções.

* **Incensos e Óleos:** Utilize incensos de ervas ou óleos essenciais para purificar o espaço e elevar a vibração durante seus rituais. Acender um incenso pode ser um ato poderoso de consagração.

* **Velas:** São fundamentais em um altar, pois representam a luz e a energia. Escolha as cores de acordo com suas intenções, como velas brancas para purificação, amarelas para prosperidade, verdes para cura ou vermelhas para paixão e coragem.

4. MONTANDO O ALTAR

Quando todos os elementos estiverem prontos, comece a montar o altar. Organize os itens de forma que eles se complementem e criem uma harmonização visual. Não há regras rígidas; permita que sua intuição o guie. Você pode, por exemplo:

- Colocar o cristal centralmente, cercado por ervas e imagens.
- Criar uma pequena estante para colocar as velas e os incensos à sua frente.
- Organizar os elementos em ordem de importância, de acordo com sua intenção.

5. CONSAGRANDO O ALTAR

Após montar seu altar, é importante consagrá-lo. Isso pode ser feito por meio de uma oração, um ritual ou um simples ato de intenção. Expresse gratidão pelos elementos que escolheu e peça que eles o ajudem em sua jornada alquímica. Acenda uma vela ou um incenso como um símbolo de luz que atrai as energias desejadas.

6. MANTENDO E ATUALIZANDO O ALTAR

Um altar é um espaço dinâmico que pode evoluir com você. Sinta-se à vontade para trocar e adicionar elementos conforme suas intenções mudam. Limpe e organize seu altar regularmente, mantendo-o livre de sujeiras e distrações. Isso não só preserva a energia do espaço, mas também honra o compromisso que você fez consigo.

Lembre-se de que a criação de um altar é uma expressão de sua espiritualidade e individualidade. Não hesite em personalizá-lo de maneira que ressoe com sua essência e intuições. Um altar bem cuidado pode se tornar um poderoso catalisador na sua prática de alquimia, oferecendo um espaço sagrado para a transformação e a conexão com o divino. Que sua jornada na construção do altar traga bênçãos e abundância em sua vida!

MANIFESTAÇÃO COM OS ELEMENTOS

Os elementos são as essências fundamentais do universo que conectam todas as energias: Terra, Ar, Fogo e Água. A combinação desses quatro elementos resulta no éter ou espírito, o quinto elemento, também chamado de Quintessência, que forma a base dos corpos celestes.

Todos os seres e coisas são manifestações desses elementos. O corpo humano, por exemplo, integra todos eles: a Terra representa nosso físico, a Água simboliza o sangue, o Ar refere-se aos nossos pensamentos e o Fogo, à nossa energia vital ou espírito.

Desde tempos antigos, os xamãs valorizavam a interação consciente com as forças dos elementos, internamente e externamente. É essencial reconhecer que tanto a natureza quanto nós mesmos somos compostos pelos mesmos elementos e devemos buscar manter essa harmonia.

ELEMENTO TERRA

O elemento Terra simboliza a mãe, a introspecção e a energia feminina. Ele representa a estrutura do nosso corpo, conectando-se à fertilidade, criação, estabilidade e harmonia. Considerado o mais físico dos elementos, a Terra é a base sobre a qual todos os outros se apoiam. É um reino de abundância e prosperidade, proporcionando firmeza, força, objetividade e poder criativo. A conexão com a Terra é vital para manifestar nossas ideias no mundo físico, sendo a fonte de nutrição que nos sustenta e nos alimenta.

Para se conectar com o elemento Terra, você pode praticar atividades como andar descalço na grama, meditar com pedras ou cristais e até mesmo trabalhar com argila para ativar a energia interna. A Terra está associada a bens materiais, segurança, prazer e organização. Os signos relacionados com este elemento são Touro, Virgem e Capricórnio, e sua direção cardinal é o Norte. Ao honrar e integrar o elemento Terra em suas práticas, você facilita a realização de seu propósito de vida e nutre um sentimento de segurança e estabilidade.

ELEMENTO ÁGUA

O elemento Água está intrinsecamente ligado à força feminina, simbolizando amor, emoções e intuição. Representa o sangue que flui em nossas veias e nos conecta à essência da vida. Desde a formação no útero materno, onde ficamos imersos em água, até a composição do nosso corpo, que possui aproximadamente 70% dela, esse elemento desempenha um papel fundamental em nossa existência. Além disso, com o poder da palavra e da intenção, podemos imprimir vibrações na água, utilizando-a em rituais como o benzimento, que é tradicionalmente praticado em muitas culturas religiosas.

A Água simboliza o renascimento e a purificação, o que é refletido em rituais como o batismo. Este elemento é essencial para liberar medos e tristezas, nos conectando às emoções e aos sentimentos mais profundos. Para se conectar com a Água, você pode visitar rios, cachoeiras e mares, ou mesmo ouvir sons da natureza que evocam a fluidez desse elemento. A Água está associada a sentimentos, intuição, receptividade, empatia, nutrição e compaixão. Os signos relacionados com este elemento são Câncer, Escorpião e Peixes, e sua direção cardinal é o Oeste. Ao honrar e incorporar a Água em suas práticas, você nutre sua sensibilidade emocional e aprimora sua capacidade de se conectar com os outros de forma mais profunda e compassiva.

ELEMENTO AR

O elemento Ar é considerado o meio de comunicação entre o Céu e a Terra, simbolizando a energia masculina, expansiva e ativa. Ele impulsiona nossas ações e está relacionado à racionalidade, ao entendimento e ao conhecimento. O Ar representa o poder mental manifestado, facilitando a comunicação, as mudanças e a liberdade, conectando-se diretamente ao nosso pensamento e expressão.

Durante a respiração, recebemos a inspiração do elemento Ar, que é o sopro da vida. Ele nos conecta ao reino invisível, onde nossas ideias e realizações mais íntimas se originam. O Ar ativa nossa capacidade de expressão, nos lembrando da importância de respirar, viver plenamente e repensar nossas escolhas. Este elemento é uma força de mudança, movimento e liberdade, promovendo o conhecimento, a sabedoria e o aprendizado.

Para se conectar com o Ar, passe mais tempo ao ar livre, sentindo a brisa e respirando profundamente. Este elemento está associado à comunicação, ao compartilhamento de ideias, à agilidade mental, à objetividade, à persuasão e à estratégia. Os signos relacionados com esse elemento são Gêmeos, Libra e Aquário, e sua direção cardinal é o Leste. Ao honrar e integrar o Ar em suas práticas, você enriquece sua capacidade de se expressar e se conectar com o mundo ao seu redor.

ELEMENTO FOGO

O elemento Fogo é uma representação poderosa de paixão e transformação, simbolizando o calor que emana do nosso corpo e a intensidade do espírito. No coração humano, o Fogo representa a força vital e a energia que impulsiona nossa vida, sendo a luz que ilumina nosso caminho interior. Associado à energia masculina, é o motor de coragem, ação, impulso e conquista.

Este elemento ativa o desejo, a mudança e a purificação. Ele é a chama interna que nunca se apaga, promovendo vitalidade, entusiasmo e determinação. Para se conectar com a energia do Fogo, você pode usufruir de banhos de sol, fazer caminhadas ao ar livre, cozinhar alimentos ou acender velas e fogueiras, permitindo que a energia do Fogo inspire e renove sua força.

Este elemento está intimamente relacionado ao poder, à iniciativa, à criatividade, à franqueza e à liberdade. Os signos associados a ele são Áries, Leão e Sagitário, e sua direção cardinal é o Sul. Ao honrar e canalizar a energia do Fogo em suas práticas espirituais e rituais, você pode acessar uma fonte inabalável de vitalidade e transformação, utilizando-a para manifestar seus desejos e iluminar seu caminho.

PRÁTICA ALQUÍMICA COM OS ELEMENTOS PARA MANIFESTAÇÃO DE PODER E PROSPERIDADE

Este exercício combina os quatro elementos (Terra, Água, Ar e Fogo) em um ritual prático que visa fortalecer seu poder pessoal e manifestar prosperidade em sua vida. Ao integrar as energias de cada elemento, você cria um espaço sagrado para a manifestação de suas intenções.

Materiais Necessários:

- **Terra:** Um pequeno recipiente com terra.
- **Água:** Um copo de água filtrada ou mineral.
- **Ar:** Um incenso de sua escolha (sálvia, lavanda ou alecrim são ideais) ou uma vela acesa.
- **Fogo:** Uma vela de cor verde ou dourada (que simboliza prosperidade e riqueza).

- **Cristal de prosperidade:** Como citrino ou pirita para amplificar a energia da manifestação.
- **Papel e caneta:** Para anotar suas intenções.

PASSO A PASSO

1. PREPARAÇÃO DO ESPAÇO:

- Encontre um local tranquilo onde você não será interrompido(a).
- Crie um espaço sagrado organizando os materiais ao seu redor.

2. CONEXÃO COM A TERRA:

- Pegue o recipiente com terra e segure-o nas mãos. Sinta a energia da Terra e mentalize suas intenções de poder e prosperidade.
- **Diga em voz alta:** "*Eu sou a base de meu próprio poder e atraio abundância para minha vida*".
- Coloque uma pequena quantidade de terra em um canto do seu altar ou espaço de trabalho.

3. CONEXÃO COM A ÁGUA:

- Pegue o copo de água e observe sua superfície calma. Mentalize a fluidez e a adaptabilidade da água, que traz prosperidade.
- **Diga:** "*Assim como a água flui, minha prosperidade flui abundantemente*".
- Beba um pequeno gole, simbolizando a aceitação e a manifestação de suas intenções. Depois, despeje o restante da água sobre a terra que você colocou no altar.

4. CONEXÃO COM O AR:

- Acenda o incenso e observe a fumaça subindo. Sinta a energia do Ar como o impulso de suas intenções.
- **Diga:** "*Com a força do Ar, declaro minha capacidade de manifestar e expandir meu poder*".
- Deixe o incenso queimar durante o ritual, permitindo que suas energias se espalhem no espaço.

5. CONEXÃO COM O FOGO:

- Acenda a vela verde ou dourada, concentrando-se na chama que representa sua determinação e poder.
- **Diga:** "O Fogo d*entro de mim acende a chama da prosperidade e me dá força para agir*".
- Coloque a vela perto da terra e da água que você preparou.

6. MENTALIZAÇÃO E MANIFESTAÇÃO:

- Segure o cristal de prosperidade em suas mãos e visualize o que deseja manifestar. Sinta a combinação da energia da Terra, da Água, do Ar e do Fogo ajudando a trazer poder e abundância para sua vida.
- Anote suas intenções no papel, escrevendo com clareza e foco o que você quer atrair.

7. FINALIZAÇÃO DO RITUAL:

- **Enquanto pressiona o papel contra o cristal, diga:** "*Atraio poder e prosperidade a cada passo que dou. As forças dos quatro elementos estão comigo*".
- Deixe o papel e o cristal em seu espaço sagrado ou altar, permitindo que a energia do ritual continue a ressoar.

8. AGRADECIMENTO:

- Agradeça aos quatro elementos por sua presença e apoio. Você pode recitar uma oração ou declaração de gratidão.

Realizar este exercício alquímico e mágico ajuda a sintonizar suas intenções com as energias dos quatro elementos, permitindo que você manifeste poder e prosperidade em sua vida. Sinta-se à vontade para repetir este ritual sempre que desejar reforçar suas intenções de abundância e força pessoal.

MEDITAÇÃO PARA INVOCAÇÃO DOS ELEMENTOS

Encontre um lugar tranquilo, onde você possa estar em paz e sem interrupções. Se desejar, acenda uma vela e um incenso ou coloque uma música suave que eleve seu campo energético.

Deite-se confortavelmente ou permaneça sentado(a), com a coluna ereta, em postura de presença e receptividade.

Feche os olhos... Respire profundamente...

Sinta o ar entrando... Preenchendo seu corpo... E, ao expirar, solte toda a tensão, todo o peso, toda a ansiedade...

Respire novamente... Mais uma vez... Mais uma... E vá permitindo que seu corpo relaxe, que sua mente se acalme, que seu campo se abra...

Imagine agora que um círculo de luz se forma ao seu redor... Um espaço seguro, sagrado e protegido... Aqui, você se torna ponte entre o Céu e a Terra... Entre a matéria e o espírito... Entre o visível e o invisível...

Neste momento, com amor, reverência e consciência, fale mentalmente:

"Eu chamo e convido as forças sagradas da Criação a se fazerem presentes.

Eu invoco o elemento Terra, que sustenta meus passos, dá forma ao meu corpo, nutre minha existência.

Que eu seja raiz, força e estabilidade.

Que minha matéria se alinhe ao equilíbrio e à prosperidade.

Terra, eu a honro.

Eu invoco o elemento Água, que corre em minhas veias, lava minha alma, desperta minhas emoções.

Que eu saiba fluir, sentir, intuir e me purificar.

Que a memória das águas dissolva todo o peso e me devolva a leveza.

Água, eu a honro.

Eu invoco o elemento Fogo, que arde em meu coração, aquece meu espírito e ilumina minha consciência.

Que eu queime os velhos padrões, transmute sombras em luz e reacenda o propósito que me trouxe aqui.

Fogo, eu o honro.

Eu invoco o elemento Ar, o sopro da vida, o pensamento livre, a inspiração divina.

Que eu respire consciência, clareza, expansão e presença.

Que o vento leve o que não me serve e traga os bons ventos da transformação.

Ar, eu o honro.

E, neste círculo sagrado que se forma, eu invoco também o Espírito, o Quinto Elemento, a Centelha Divina que habita em mim, o fio de luz que me conecta ao Todo.

Que minha alma se alinhe ao propósito maior.

Que meu caminho seja guiado pela verdade, pela luz e pelo amor.

Que os quatro elementos, em perfeita harmonia, se integrem ao meu espírito, e que eu me torne um canal consciente da criação, da cura e da transformação.

Assim é, assim está feito, assim se manifesta."

EQUINÓCIOS E SOLSTÍCIOS: PORTAIS DE MAGIA E TRANSFORMAÇÃO

Os equinócios e solstícios são momentos significativos do calendário solar que marcam a transição entre as estações do ano e influenciam profundamente as práticas espirituais e mágicas. Tanto os equinócios quanto os solstícios são momentos de grande potência mágica, usados para rituais que alinham intenções com os ciclos naturais.

Os solstícios, que ocorrem em junho e dezembro, e marcam o início do verão e do inverno em cada hemisfério. O solstício de verão é um período de celebração, abundância e plenitude, ideal para potencializar conquistas e invocar energias de alegria e amor. Nele o hemisfério recebe mais luz solar, resultando em dias mais longos. Já o solstício de inverno convida à introspecção e ao renascimento, um tempo de reflexão, meditação e preparação para novos ciclos, pois os dias se tornam mais curtos.

Os equinócios, que ocorrem em março e setembro, e marcam o início da primavera e do outono em cada hemisfério. São tempos de renovação e ajuste de intenções, em que podemos plantar novas sementes tanto físicas quanto metafóricas. O equinócio da primavera simboliza crescimento e criatividade, enquanto o de outono marca a colheita e a introspecção, sendo um momento de gratidão e desapego.

As Quatro Estações formam um ciclo completo de transformação e renovação da Terra. Cada estação tem uma vibração própria que rege nossas vidas e emoções, oferecendo oportunidades únicas para evolução pessoal e conexão com o planeta. Compreender esse ritmo nos ajuda a viver com mais consciência e presença, permitindo-nos celebrar os equinócios e solstícios com mais profundidade, aproveitando plenamente as energias poderosas desses momentos especiais.

Hemisfério Norte:

- **Equinócio de Primavera** → 20 ou 21 de março
- **Solstício de Verão** → 20 ou 21 de junho
- **Equinócio de Outono** → 22 ou 23 de setembro
- **Solstício de Inverno** → 21 ou 22 de dezembro

Hemisfério Sul:

- **Equinócio de Outono** → 20 ou 21 de março
- **Solstício de Inverno** → 20 ou 21 de junho
- **Equinócio de Primavera** → 22 ou 23 de setembro
- **Solstício de Verão** → 21 ou 22 de dezembro

EQUINÓCIO DE PRIMAVERA

No Hemisfério Sul, a primavera começa em setembro e é marcada pelo equinócio, momento em que o dia e a noite têm a mesma duração. Esse período é associado ao renascimento, ao crescimento e à renovação, quando a flora começa a florescer e a natureza se revitaliza.

- **Energia:** É uma época de otimismo e novas oportunidades. A energia dessa estação favorece o início de projetos e a realização de novas intenções.
- **Rituais:** É um momento ideal para plantar sementes – tanto fisicamente (no jardim) quanto espiritualmente (definindo novas intenções). Rituais que incluem flores e ervas podem reforçar a energia de crescimento.

SOLSTÍCIO DE VERÃO

O verão, que no Hemisfério Sul começa em dezembro e se estende até março, é associado ao solstício, o momento em que o dia é mais longo e a energia solar atinge seu pico. Esse período é caracterizado por calor, vitalidade e abundância.

- **Energia:** Um tempo de celebração e colheita. As energias são mais intensas e a manifestação de intenções pode ocorrer com mais facilidade.
- **Rituais:** Celebrações de gratidão são comuns, homenageando as colheitas e os sucessos alcançados. É um ótimo momento para rituais de abundância e prosperidade.

EQUINÓCIO DE OUTONO

No Hemisfério Sul, o outono começa em março, marcado pelo equinócio, quando as horas de luz e escuridão são equilibradas novamente. Durante essa estação, as folhas mudam de cor e caem, sinalizando um período de reflexões e preparações para o inverno.

✶ **Energia:** Um tempo de liberação e reflexão. É o momento de celebrar as conquistas e avaliar o que precisa ser deixado para trás.

✶ **Rituais:** Rituais de desapego e gratidão, nos quais se expressa reconhecimento pelas bênçãos e se libera o que não serve mais – como crenças limitantes ou relações desgastadas.

SOLSTÍCIO DE INVERNO

No Hemisfério Sul, o inverno começa em junho e é caracterizado pelo solstício, quando a noite é mais longa. Esse período é associado à introspecção, ao descanso e à renovação.

✶ **Energia:** Uma época de reflexão e acolhimento. Durante o inverno, as energias tendem a ser mais voltadas para o interior, o que favorece a meditação e o autoconhecimento.

✶ **Rituais:** Este é um tempo para rituais de proteção e recuperação, bem como para reavaliar suas metas e intenções. Pode ser um momento oportuno para planejar e plantar as sementes para o que virá na próxima primavera.

RITUAIS DE CELEBRAÇÃO E MANIFESTAÇÃO

Aqui estão alguns rituais de alquimia que podem ser realizados no início de cada estação, alinhando-se às energias e intenções específicas de cada período. Esses rituais para cada estação utilizam as energias naturais que se manifestam ao longo do ano, potencializando suas intenções e ações. Aproveitar as mudanças das estações em sua prática alquímica não só enriquece sua experiência, como também fortalece sua conexão com os ciclos da natureza.

RITUAL DA PRIMAVERA

◇ **Intenção:** Iniciar novos projetos e estabelecer intenções.

Materiais:

- Vela verde ou rosa
- Flor de jasmim, lavanda ou girassol
- Papel e caneta
- Incenso de sálvia ou alecrim
- Um cristal de quartzo rosa ou verde

Passo a passo:

1. **Preparação do espaço**: Encontre um local tranquilo e acenda a vela e o incenso, colocando o cristal ao lado. Crie uma atmosfera acolhedora e sagrada.
2. **Defina suas intenções**: Escreva no papel os objetivos ou projetos que deseja iniciar nesta primavera.
3. **Plante sementes**: Enquanto faz isso, visualize cada flor como uma intenção. Fale suas intenções em voz alta, como: "*Na dança da primavera, eu acolho a vida que renasce, permitindo que novas ideias floresçam como pétalas ao vento, colorindo meu coração com esperança*".

4. **Finalização**: Deixe a vela queimar e mantenha as flores em um local especial, trocando a água todos os dias até que elas murchem (quando isso acontecer, faça o descarte devolvendo à natureza com acolhimento e amor). Agradeça pela nova energia que está entrando em sua vida.

RITUAL DO VERÃO

◇ **Intenção:** Celebrar conquistas e manifestar abundância.

Materiais:

- Vela dourada ou laranja
- Frutas que simbolizem abundância (como pitangas, bergamotas ou uvas)
- Um prato ou altar
- Incenso de palo santo
- Um cristal de citrino ou olho de tigre

Passo a passo:

1. **Preparação do espaço**: Acenda a vela e o incenso, colocando o cristal ao lado, para criar um ambiente festivo e vibrante.
2. **Celebração das conquistas**: Coloque as frutas em um prato como oferenda. Agradeça por suas conquistas e reconheça seu esforço.
3. **Visualização**: Visualize a energia do sucesso fluindo através de você e multiplique suas intenções de abundância. Diga: "*No esplendor do verão, brilha a alegria em cada raio de sol, aquecendo minha alma e iluminando as jornadas da vida com momentos vibrantes e cheios de amor*".
4. **Finalização**: Deixe a vela queimar completamente e consuma as frutas como símbolo de gratidão e celebração.

RITUAL DO OUTONO

◇ **Intenção:** Liberação de energias antigas e gratidão.

Materiais:

- Vela vemelha ou marrom
- Um papel e uma caneta
- Um recipiente para queimar o papel
- Incenso de benjoim, olíbano ou sândalo
- Um cristal de cornalina ou calcita laranja

Passo a passo:

1. **Preparação do espaço**: Acenda a vela e o incenso em um espaço calmo, colocando o cristal ao lado. Sente-se em silêncio para se concentrar.
2. **Escrever e liberar**: Escreva no papel as coisas que deseja liberar, como hábitos, preocupações ou relacionamentos que não servem mais.
3. **Queimar o papel**: Queime o papel na chama da vela, mentalizando a liberação dessas energias. Diga: "*Com a suavidade do outono, eu recolho as lições do passado, me desapegando com gratidão, enquanto as folhas caem, dançando rumo ao solo, me preparando para o que está por vir*".
4. **Finalização**: Agradeça ao Universo pelas lições e pelos recursos que você obteve. Deixe a vela queimar.

RITUAL DO INVERNO

◈ **Intenção:** Reflexão e renovação.

Materiais:

- ✶ Vela branca ou azul
- ✶ Um diário ou caderno
- ✶ Incenso de mirra ou canela
- ✶ Um cristal de selenita, ametista ou quartzo cristal.

Passo a passo:

1. **Preparação do espaço**: Acenda a vela e o incenso, criando um ambiente tranquilo.
2. **Introspecção**: Dedique tempo para refletir sobre suas conquistas e seus desafios do ano. Escreva no diário as lições aprendidas e os objetivos futuros.
3. **Conexão com o cristal**: Segure o cristal e visualize uma luz branca o envolvendo. Diga: "*No silêncio sereno do inverno, eu me refugio na introspecção, permitindo que a calma envolva meu ser, renovando a essência em um abraço mágico para os novos começos que emergirão*".
4. **Finalização**: Coloque o cristal no altar. Agradeça pela paz que você manifestou e pela sabedoria do passado. Deixe a vela queimar até o fim.

HORÁRIOS MÁGICOS

Os horários mágicos – também conhecidos como *horários abertos* ou *horas abertas* – são muito mais do que simples marcações do tempo. Representam momentos de elevada sintonia espiritual, em que os véus entre os mundos se tornam mais sutis e os portais energéticos estão abertos, permitindo conexões mais intensas com as esferas superiores ou, se não houver vigilância, com energias densas das esferas inferiores.

6 HORAS DA MANHÃ: PORTAL DA SAÚDE E DA VITALIDADE ESPIRITUAL

Este é um momento de despertar do corpo e da alma. Uma janela sagrada que favorece a conexão com tecnologias espirituais superiores, com ensinamentos das esferas elevadas e com ajustes vibracionais nos campos físico, emocional e espiritual.

Ao nos entregarmos à oração, à meditação ou mesmo a um banho consciente neste horário, ativamos portais de luz, abrimos espaço para canalizações, intuições e curas profundas. É o instante de restaurar, alinhar e iniciar o dia sob a bênção da Luz, do equilíbrio e da proteção.

12 HORAS (MEIO-DIA): PORTAL DA DECISÃO E DO PROPÓSITO

Ao meio-dia, o sol reina em seu auge – e, com ele, se expande a clareza espiritual. É o horário do fortalecimento das intenções, do alinhamento dos pensamentos e do discernimento nas escolhas.

Sob a força da luz plena, podemos buscar respostas, firmar votos, renovar propósitos e alinhar nossa vontade à vontade divina. É um momento propício para silenciar, respirar e mentalizar nossos caminhos com fé. A resposta pode chegar de forma sutil, como um sopro de intuição, mas sempre certeira para quem se abre à escuta do sagrado.

18 HORAS (6 DA TARDE): PORTAL DE LIBERTAÇÃO E RESGATE

Este é um dos horários mais sensíveis e comoventes no plano espiritual. É quando muitas almas são resgatadas de regiões umbralinas e consciências em sofrimento recebem amparo, consolo e elevação. Um momento de transição espiritual profunda, em que as portas da misericórdia se abrem para os que clamam por luz.

É também conhecido como a *Hora do Angelus*, quando os sinos invisíveis da espiritualidade ecoam, anunciando trabalho, oração e socorro. Podemos colaborar com uma prece, uma vibração de luz ou uma simples intenção de paz. Nossa oração, ainda que breve e silenciosa, pode ser o alívio que uma alma, em algum lugar, está buscando para seguir em direção à cura, ao amor e à libertação.

24 HORAS (MEIA-NOITE): PORTAL DAS BATALHAS ESPIRITUAIS

Quando a meia-noite chega, intensificam-se os movimentos nas esferas espirituais. As legiões da luz se posicionam e somos convocados à linha de serviço sutil – muitas vezes em desdobramento, enquanto o corpo repousa.

É a hora dos trabalhos ocultos, dos resgates, dos socorros e das visitas às colônias espirituais. Mesmo dormindo, seguimos a servir, amparar e curar, colaborando com os movimentos silenciosos que acontecem no plano invisível.

DIÁRIO ALQUÍMICO DOS ELEMENTOS

Este diário é um instrumento de alquimia da alma. Um altar escrito, onde a natureza se inscreve em você – e você nela. Aqui, cada palavra é semente que germina, cada reflexão acende um fogo sagrado, cada oração sopra ventos de transformação e cada sentimento flui como um rio que purifica, nutre e renova.

Utilize o seu diário exclusivo para este propósito. Sempre que iniciar seu ritual de escrita, registre a data no topo da página. Assim, você criará um mapa vivo da sua jornada, no qual será possível acompanhar sua própria evolução e testemunhar como o equilíbrio dos quatro elementos se revela, se fortalece e se reflete em sua vida.

Reserve um momento do seu dia – seja no nascer do sol, seja no recolhimento da noite – para este encontro consigo. Escreva com presença, sem pressa, sem julgamentos. Deixe que as palavras sejam espelhos luminosos da sua alma, instrumentos de autoacolhimento e expansão. Ao reler seus registros com o passar do tempo, perceberá seus ciclos, suas curas, suas metamorfoses e o florescimento do seu ser.

Permita-se, neste espaço sagrado, dialogar com os quatro elementos – forças vivas da Criação que também dançam dentro de você. Que este altar escrito seja seu jardim interior, sua bússola espiritual, seu espaço de nutrição, transmutação e consagração da vida ao sagrado que habita tudo.

TERRA

CORPO • MATÉRIA • RAÍZES • ESTABILIDADE

✶ Como meu corpo se sente neste instante?

✶ O que ele me pede? (Descanso, nutrição, movimento, silêncio...)

✶ Quais raízes desejo fortalecer hoje? (Família, propósito, saúde, segurança...)

✶ Qual gesto prático posso realizar agora, em honra à minha estabilidade?

Decreto da Terra: "*Eu honro meu corpo como templo vivo da Mãe Terra. Aqui e agora, sou firme, sou inteiro, sou raiz.*"

ÁGUA

EMOÇÃO • INTUIÇÃO • MEMÓRIA • SENSIBILIDADE

✶ Quais emoções fluem em mim neste momento?

✶ Houve algum sonho, sinal, sensação ou sincronicidade que tocou meu coração?

✶ Existe algo que preciso acolher, limpar, curar ou perdoar?

✶ Como posso nutrir meu oceano interno e cuidar do meu mundo emocional?

Decreto da Água: "*Eu me permito sentir. Que as águas da minha alma limpem, curem e renovem tudo em mim.*"

FOGO

ENERGIA • TRANSFORMAÇÃO • VONTADE • PROPÓSITO

- O que acende minha vontade de viver, criar e transformar hoje?
- Que padrões, medos ou crenças desejo transmutar nas chamas da consciência?
- Qual é a centelha criativa, o desejo ou a coragem que pulsa em mim agora?
- Que ação poderosa posso realizar hoje em direção à minha verdade?

Decreto do Fogo: "*Eu acendo a chama da transformação. Queime em mim tudo o que não vibra mais com minha essência. Que eu brilhe na verdade do meu ser.*"

AR

PENSAMENTO • INSPIRAÇÃO • COMUNICAÇÃO • LEVEZA

- Quais pensamentos habitam meu campo mental hoje?
- Minhas palavras, internas e externas, estão alinhadas com minha verdade?
- Há algo que desejo comunicar com mais amor, clareza ou coragem?
- Qual insight, ideia ou inspiração me visitou hoje?

Decreto do Ar: "*Eu respiro leveza e liberdade. Que os ventos levem o que não me pertence mais e tragam inspiração, sabedoria e novos caminhos.*"

INTEGRAÇÃO ALQUÍMICA

O ESPÍRITO SE INTEGRANDO AOS QUATRO ELEMENTOS

- Hoje, qual elemento se manifestou com mais força em mim?
- De que forma posso equilibrar os outros três elementos?
- Qual ritual, gesto simbólico ou visualização posso realizar para selar este ciclo?

· PARTE 3 ·

A ALQUIMIA DAS ERVAS

O PODER DAS ERVAS NA ALQUIMIA E NA CURA NATURAL

As plantas sempre foram poderosas aliadas na arte da magia e da cura. Mais do que ingredientes de rituais ou fórmulas medicinais, elas são expressões vivas da energia da Terra, portadoras de inteligência ancestral e de propriedades sutis que falam diretamente à alma. Cada erva carrega uma vibração única – capaz de proteger, curar, atrair amor, abrir caminhos ou purificar. Ao prepararmos chás, infusões ou poções, não apenas extraímos seus componentes físicos, mas também sintonizamos com seu espírito, ativando sua força invisível e seu poder espiritual.

Cultivar, preparar e consagrar uma planta é um ato de reverência à natureza e à sua sabedoria. Mesmo um pequeno vaso em casa pode ser um santuário de cura e encantamento. Ao tocar a terra, cuidar de uma muda ou colher uma folha com intenção, estabelecemos um elo mágico entre o visível e o invisível.

A fitoterapia é a prática terapêutica que utiliza o potencial medicinal das plantas para tratar desequilíbrios físicos, emocionais e espirituais. Suas raízes estão em diversas tradições ancestrais – indígenas, orientais, africanas e europeias –, e hoje, mais do que nunca, ela retorna com força como uma medicina complementar natural, profunda e acessível.

PRINCÍPIOS FUNDAMENTAIS DA FITOTERAPIA:

1. **Integralidade:** Trabalha com a planta como um todo, respeitando sua força vital e sinergia natural.
2. **Sabedoria Química Natural:** Utiliza compostos fitoquímicos com propriedades anti-inflamatórias, antioxidantes, calmantes, analgésicas, digestivas, entre outras.
3. **Atenção ao Indivíduo:** Trata o ser humano em sua totalidade – corpo, mente, emoções e espírito.
4. **Sustentabilidade:** Respeita o ritmo da natureza, valoriza o cultivo consciente e a colheita sagrada.
5. **Complementaridade:** Pode ser usada junto à medicina tradicional, enriquecendo o cuidado com saberes antigos e naturais.

CULTIVANDO ERVAS EM SEU JARDIM ALQUÍMICO

1. **Escolha as Ervas com Intenção**

✶ **Culinárias:** Manjericão, alecrim, orégano, salsinha e coentro.

✶ **Medicinais:** Camomila, hortelã, boldo, erva-doce, malva.

✶ **Espirituais/Mágicas:** Arruda, sálvia, lavanda, artemísia, alecrim.

2. **Prepare o Solo como um Altar**

✶ Solo bem drenado, luz do sol e adubo orgânico são essenciais. Um punhado de terra energizada com carvão vegetal e lavanda pode potencializar a energia mágica do canteiro.

3. **Plante com Amor**

* Semeie com intenção. Ao plantar, mentalize seus desejos e propósitos.

4. **Cuide com Consciência**

* Rega moderada, conexão com a planta e toques delicados são essenciais. Converse com suas ervas, abençoe-as ao regar.

5. **Colha com Gratidão**

Assim como faziam os antigos povos da terra, observe também a influência da lua nos ritmos da natureza. A seiva das plantas, essa energia viva que percorre seus tecidos, se movimenta conforme as fases lunares:

* **Lua nova:** A seiva está concentrada nas raízes; momento ideal para colher raízes e para replantio.
* **Lua crescente:** A seiva começa a subir, fortalecendo caule e folhas.
* **Lua cheia:** A seiva está em seu ponto mais alto, nas flores e folhas; excelente para colheita dessas partes.
* **Lua minguante:** A seiva retorna às raízes; período propício para podas e colheitas de secagem.

6. **Armazene com Respeito**

* As ervas devem ser conservadas com respeito à sua energia vital. Podem ser secas em feixes pendurados com as folhas para baixo, em local arejado e à sombra, longe do sol direto, para que mantenham seu aroma e suas propriedades. Também podem ser congeladas com azeite ou armazenadas em potes escuros bem vedados, sempre em ambientes frescos e secos. O essencial é preservar sua força ativa, permitindo que sigam vibrando vida e cura.

ORIENTAÇÕES IMPORTANTES SOBRE O USO DOS CHÁS

O uso de plantas medicinais, embora seja algo natural, também exige responsabilidade e consciência. Nem todo chá é indicado para todas as pessoas.

Gestantes, lactantes, crianças, idosos e pessoas com doenças crônicas, cardíacas, renais, hepáticas, pressão desregulada, distúrbios hormonais ou que fazem uso de medicações contínuas devem consultar um profissional da saúde, fitoterapeuta ou médico antes de consumir qualquer planta.

Algumas ervas podem apresentar interações medicamentosas e efeitos adversos ou não serem seguras em determinadas fases da vida, especialmente na gestação e infância. O uso seguro das plantas é um ato de amor, autocuidado e respeito à sua saúde.

CHÁ (TISANA)

As tisanas – também chamadas de infusões – são muito mais do que bebidas naturais. São elixires vivos, preparados a partir de partes secas ou frescas de plantas, como folhas, flores, cascas, raízes e frutos, cada uma portando propriedades terapêuticas, energéticas e espirituais.

Diferentemente dos "chás verdadeiros" (como o preto, verde ou branco, originados da *Camellia sinensis*), as tisanas são exclusivamente compostas por ervas medicinais e aromáticas. Utilizadas há milênios em diversas culturas, elas equilibram não só o corpo físico, mas também os campos sutis do ser.

Preparar uma tisana é um ato alquímico. Um convite à pausa, à escuta do corpo, à comunhão com a Terra e com o espírito das plantas. É um ritual de cura e reconexão ancestral.

Ingredientes e Materiais:

- Ervas secas ou frescas, escolhidas conforme a intenção espiritual, energética ou terapêutica.
- Água pura (preferencialmente mineral ou filtrada, de boa vibração).
- Recipiente de vidro, barro ou inox (evite alumínio, que interfere nas propriedades sutis das ervas).
- Coador de pano ou filtro natural.
- Xícara ou caneca consagrada para o momento do ritual.

MÉTODOS DE PREPARO POR TIPO DE PLANTA

Cada parte da planta possui uma forma ideal de extração, respeitando sua natureza e seu potencial vibracional.

✶ **Flores e Folhas**
Delicadas e sensíveis, jamais devem ser fervidas. Prepare por infusão, adicionando água quente (sem ferver) e mantendo tampado por quinze a vinte minutos. Assim, preservam-se seus óleos essenciais e sua energia sutil.

✶ **Ervas Secas Picadas ou Moídas**
Siga o mesmo método das flores e folhas: infusão com água quente, na proporção de uma colher de chá por xícara. Ideal para o uso cotidiano, trazendo harmonia ao corpo, à mente e ao espírito.

✶ **Raízes, Cascas e Sementes Duras**
Por serem mais resistentes, exigem extração por decocção. Ferva em fogo baixo por cerca de vinte minutos, liberando seus princípios ativos de forma eficaz.

✶ **Ervas em Pó**
Dissolva meia colher de chá em uma xícara de água quente ou fria. Beba lentamente, permitindo que os princípios ativos sejam integrados. Se desejar, tome um copo de água pura após.

PASSO A PASSO DO PREPARO ALQUÍMICO

1. **Escolha com Intenção**
   Conecte-se à sua necessidade – clareza, proteção, amor, cura. Escolha de uma a três ervas que se harmonizem, ouvindo sua intuição e seu corpo, que é um oráculo natural.
2. **Defina a Quantidade**
   Para infusões maiores, utilize uma a duas colheres de sopa de ervas secas (ou duas a três de ervas frescas) para cada litro de água. Para uma xícara, pode adicionar uma colher de chá para cada erva. Ajuste conforme a força desejada e o potencial da planta escolhida.
3. **Aqueça a Água com Presença**
   Leve ao fogo até surgirem as primeiras bolhas – não deixe ferver, a menos que esteja preparando raízes ou cascas.
4. **Adicione as Ervas com Respeito**
   Coloque as ervas na água aquecida, mexendo suavemente, como quem acorda um guardião vegetal adormecido.
5. **Cubra e Permita a Infusão**
   Tampe o recipiente. Deixe repousar entre dez e vinte minutos, de acordo com a delicadeza da planta. O silêncio desse momento ativa a medicina invisível da erva.
6. **Coe e Sirva com Atenção Plena**
   Use uma xícara que tenha significado para você. Este é um ato de autocuidado e conexão com o sagrado.
7. **Adoce com Intenção (Opcional)**
   Mel, limão e especiarias podem ser acrescentados como oferendas à sua alma – apenas se fizer sentido para seu ritual.
8. **Beba como um Ritual**
   Sente-se, respire, aprecie o aroma e receba cada gole como uma bênção líquida que toca corpo, mente e espírito.

RECEITAS DE CHÁS ALQUÍMICOS

CHÁ PARA AFASTAR A INSÔNIA

Lavanda + Camomila + Passiflora

◇ **Momento Ideal:** Antes de dormir.

Ingredientes:

- 1 colher de chá de lavanda
- 1 colher de chá de camomila
- 1 colher de chá de passiflora

Benefícios Esperados: Induz ao relaxamento, acalma a mente e prepara o corpo para um sono reparador.

CHÁ PARA ALIVIAR DOR DE ESTÔMAGO

Erva-cidreira + Boldo-do-chile + Gengibre

◇ **Momento Ideal:** Após as refeições.

Ingredientes:

- 1 colher de chá de erva-cidreira
- 1 colher de chá de boldo-do-chile
- 2 fatias finas de gengibre fresco

Benefícios Esperados: Suaviza desconfortos estomacais, auxilia na digestão e alivia cólicas e gases.

CHÁ PARA AUMENTAR A IMUNIDADE

Hibisco + Cúrcuma + Gengibre

Momento Ideal: Pela manhã ou ao longo do dia (evitar à noite).

Ingredientes:

- 1 colher de chá de hibisco
- 1 colher de chá de cúrcuma fresca ralada ou ½ colher de chá em pó
- 2 fatias de gengibre fresco

Benefícios Esperados: Estimula a vitalidade, aquece, fortalece as defesas e purifica o organismo.

CHÁ PARA RELAXAR

Sálvia + Lavanda + Valeriana

Momento Ideal: No final do dia, após momentos de tensão ou antes de dormir.

Ingredientes:

- 1 colher de chá de sálvia
- 1 colher de chá de lavanda
- 1 colher de chá de valeriana

Benefícios Esperados: Desacelera, descarrega o excesso mental e promove serenidade.

CHÁ PARA ATRAIR O AMOR

Pétalas de Rosa + Damasco + Canela

◇ **Momento Ideal:** Durante rituais de amor-próprio, autocuidado, lua crescente ou cheia.

Ingredientes:

- 1 colher de chá de pétalas de rosa seca
- 1 colher de chá de damasco picado (ou 1 pedaço pequeno)
- 1 pauzinho pequeno de canela ou ½ colher de chá em pó

Benefícios Esperados: Adoça a alma, ativa o magnetismo pessoal e eleva a vibração do amor.

CHÁ PARA AUMENTAR A CONCENTRAÇÃO

Alecrim + Ginkgo Biloba + Hortelã

◇ **Momento Ideal:** Antes de estudar, trabalhar ou realizar atividades mentais.

Ingredientes:

- 1 colher de chá de alecrim
- 1 colher de chá de ginkgo biloba
- 1 colher de chá de hortelã

Benefícios Esperados: Estimula a clareza mental, ativa a memória e traz foco e disposição.

CHÁ PARA ACALMAR A GARGANTA

Malva branca + Erva-cidreira + Gengibre

◇ **Momento Ideal:** Ao longo do dia, especialmente em casos de rouquidão, desconforto ou uso excessivo da voz.

Ingredientes:

- 1 colher de chá de malva branca
- 1 colher de chá de erva-cidreira
- 2 fatias finas de gengibre fresco

Benefícios Esperados: Suaviza, hidrata e acalma a garganta, fortalecendo a expressão.

CHÁ PARA ATRAIR PROSPERIDADE

Folhas de Pitanga + Canela + Cravo-da-índia

◇ **Momento Ideal:** Pela manhã, especialmente em dias de lua crescente, início da semana ou abertura de ciclos.

Ingredientes:

- 1 colher de chá de folhas de pitanga
- 1 pauzinho pequeno de canela ou ½ colher de chá em pó
- 3 cravos-da-índia

Benefícios Esperados: Ativa o campo da abundância, prosperidade e expansão material e espiritual.

CHÁ PARA PROTEÇÃO ENERGÉTICA

Sálvia + Alecrim + Erva-cidreira

◇ **Momento Ideal:** Após banhos de ervas, rituais de limpeza ou antes de enfrentar ambientes desafiadores.

Ingredientes:

- 1 colher de chá de sálvia
- 1 colher de chá de alecrim
- 1 colher de chá de erva-cidreira

Benefícios Esperados: Fortalece o campo energético, afasta energias densas e ativa a luz interior.

CHÁ DESINTOXICANTE PARA O FÍGADO

Alcachofra + Dente-de-leão + Limão

◇ **Momento Ideal:** Pela manhã, em jejum, ou antes das refeições.

Ingredientes:

- 1 colher de chá de folhas secas de alcachofra
- 1 colher de chá de folhas secas de dente-de-leão
- Suco de ½ limão (adicionar após o preparo)
- 1 colher de chá de mel (opcional, se não for diabético)

Benefícios Esperados: Auxilia na redução da gordura no fígado, estimula a função hepática e digestiva, possui ação diurética, anti-inflamatória e desintoxicante, favorecendo a eliminação de toxinas.

CHÁ DE ALFACE PARA ACALMAR

Alface + Camomila ou Hortelã (opcional)

Momento Ideal: À noite, antes de dormir, ou em momentos de estresse e ansiedade.

Ingredientes:

- 3 a 4 folhas de alface (preferencialmente orgânicas)
- 1 colher de chá de Camomila ou Hortelã (opcional)
- Mel a gosto (opcional)

Benefícios Esperados: Relaxa o sistema nervoso, melhora a qualidade do sono, reduz o estresse, a ansiedade e a tensão. Além disso, é fonte de antioxidantes, vitaminas A, K e do complexo B.

CHÁ PARA ACELERAR O METABOLISMO E REVIGORAR

Chá verde + Limão

Momento Ideal: Pela manhã ou no início da tarde (evitar à noite).

Ingredientes:

- 1 colher de chá de folhas secas de chá verde
- Suco de ½ limão (adicionar após o preparo)

Benefícios Esperados: Acelera o metabolismo, combate o cansaço, é antioxidante, auxilia na queima de gordura e melhora a disposição física e mental.

CHÁ PARA SAÚDE DIGESTIVA E ESTOMACAL

Espinheira-santa + Alecrim + Hortelã

Momento Ideal: Após as refeições principais.

Ingredientes:

- 1 colher de chá de folhas secas de espinheira-santa
- 1 colher de chá de folhas secas de alecrim
- 1 colher de chá de folhas secas de hortelã

Benefícios Esperados: Alivia dores estomacais, azia, má digestão e gases, auxilia na cicatrização de úlceras e fortalece o sistema digestivo.

CHÁ PARA SAÚDE RESPIRATÓRIA E LIMPEZA DOS PULMÕES

Anador (Justicia pectoralis)

Momento Ideal: Durante o dia, especialmente em casos de gripes, tosses, bronquites ou congestão.

Ingredientes:

- 1 colher de chá de folhas secas de anador
- Mel a gosto (opcional)

Benefícios Esperados: Alivia tosse, tem ação broncodilatadora, anti-inflamatória e expectorante. Também atua no relaxamento e no alívio da ansiedade.

CHÁS GELADOS REFRESCANTES E TERAPÊUTICOS

Os chás gelados são uma forma refrescante, leve e natural de cuidar do corpo, da mente e da energia, especialmente nos dias quentes ou nos momentos em que buscamos uma pausa revitalizante. Assim como os chás quentes, eles preservam as propriedades terapêuticas das plantas - sejam elas digestivas, calmantes, diuréticas, antioxidantes ou energizantes. A diferença está na temperatura e na experiência sensorial: o frescor do chá gelado traz não apenas bem-estar físico, mas também uma sensação imediata de leveza, clareza e conexão com a natureza.

Ao contrário do que muitos pensam, as propriedades das ervas se mantêm intactas mesmo quando o chá é resfriado. O processo alquímico da infusão permanece o mesmo - a água quente extrai os princípios ativos e esse preparo, ao ser resfriado, se transforma em uma bebida funcional, saborosa e hidratante. Além de nutrir e equilibrar o organismo, os chás gelados são uma opção saudável, livre de industrializados, que une autocuidado, prazer e bem-estar em cada gole.

Dicas para Todos os Chás Gelados:

- Prepare o chá normalmente com a infusão quente. Após coar, deixe esfriar em temperatura ambiente e depois leve à geladeira. Sirva com gelo e, se desejar, raminhos de hortelã, rodelas de limão, pauzinhos de canela ou fatias de gengibre como decoração e reforço aromático.
- Adoçar é opcional e pode ser feito com mel, açúcar demerara ou açúcar de coco. Sem adoçante, o sabor natural das ervas é mantido.

CHÁ GELADO DE HORTELÃ COM ALECRIM

◇ **Momento Ideal:** Durante o dia, para refrescar e estimular a mente.

Ingredientes:

✶ 1 colher de chá de folhas secas de hortelã

✶ 1 colher de chá de folhas de alecrim

✶ 300 ml de água

Benefícios Esperados: Refresca, melhora a digestão, ativa a memória e traz clareza mental.

CHÁ GELADO DIGESTIVO DE CAPIM-SANTO COM GENGIBRE

◇ **Momento Ideal:** Após as refeições ou nos dias quentes.

Ingredientes:

✶ 1 colher de chá de capim-santo (capim-cidreira)

✶ 1 colher de chá de gengibre fresco ralado

✶ 300 ml de água

Benefícios Esperados: Acalma o estômago, auxilia na digestão, reduz náuseas e promove frescor.

CHÁ GELADO REVITALIZANTE DE ERVA-DOCE COM CANELA

◇ **Momento Ideal:** Ao longo do dia ou após as refeições.

Ingredientes:

✶ 1 colher de chá de sementes de erva-doce

✶ 1 pauzinho pequeno de canela ou ½ colher de chá de canela em pó

✶ 300 ml de água

Benefícios Esperados: Suaviza cólicas e desconfortos abdominais, além de trazer energia suave e equilíbrio emocional.

CHÁ GELADO RELAXANTE DE ALFAZEMA COM CAMOMILA

◇ **Momento Ideal:** Fim da tarde ou noite, para acalmar corpo e mente.

Ingredientes:

✶ 1 colher de chá de flores de alfazema (lavanda)

✶ 1 colher de chá de flores de camomila

✶ 300 ml de água

Benefícios Esperados: Acalma a mente, reduz a ansiedade, promove relaxamento e melhora o sono.

CHÁ GELADO DE LOURO COM LIMÃO E CRAVO

◇ **Momento Ideal:** Pela manhã ou início da tarde.

Ingredientes:

- 2 folhas de louro
- 2 cravos-da-índia
- 300 ml de água
- Sumo de 1 limão (adicionado após o preparo)

Benefícios Esperados: Ação digestiva, desintoxicante, levemente termogênica e refrescante.

CHÁ GELADO DE MANJERICÃO COM HORTELÃ

◇ **Momento Ideal:** Ao longo do dia, em dias quentes ou após refeições.

Ingredientes:

- 1 colher de chá de folhas secas ou frescas de manjericão
- 1 colher de chá de folhas de hortelã
- 300 ml de água

Benefícios Esperados: Acalma o sistema nervoso, melhora a digestão e traz sensação de leveza e frescor.

CHÁ GELADO PURIFICANTE DE CAVALINHA COM ALECRIM

◇ **Momento Ideal:** Ao longo do dia, especialmente em processos detox ou após exercícios.

Ingredientes:

- 1 colher de chá de cavalinha
- 1 colher de chá de alecrim
- 300 ml de água

Benefícios Esperados: Ação diurética, desintoxicante, melhora a circulação e traz leveza ao corpo.

CHÁ GELADO RESPIRATÓRIO DE EUCALIPTO COM HORTELÃ

◇ **Momento Ideal:** Durante gripes, resfriados ou dias abafados.

Ingredientes:

- 1 colher de chá de folhas de eucalipto
- 1 colher de chá de folhas de hortelã
- 300 ml de água

Benefícios Esperados: Descongestiona, melhora a respiração, purifica e refresca profundamente.

SUCHÁS: A ALQUIMIA LÍQUIDA DE FRUTAS E ERVAS

No jardim das possibilidades naturais, surge uma poção que une o melhor dos mundos vegetal e frutífero: o suchá. Uma bebida simples, mas profundamente alquímica, que combina a força terapêutica dos chás com a vitalidade dos sucos naturais. Mais do que uma mistura, é um ritual de frescor, nutrição e equilíbrio.

De origem brasileira, o suchá é uma fórmula versátil, refrescante e nutritiva, em que a base de uma infusão – feita com ervas como hibisco, chá verde, camomila, cavalinha e hortelã, entre tantas outras – recebe o toque vibrante dos sucos naturais, extraídos de frutas frescas, sementes ou raízes. Essa união não apenas encanta o paladar, mas também fortalece o corpo e acalma a mente.

Sua alquimia se manifesta em inúmeros benefícios. Dependendo dos ingredientes, o suchá pode auxiliar na digestão, reduzir inchaços, favorecer a eliminação de toxinas, melhorar o metabolismo e apoiar processos de emagrecimento. As frutas e ervas carregam antioxidantes poderosos, que combatem os radicais livres, fortalecem o sistema imunológico e rejuvenescem as células.

Além de terapêutico, é um convite ao autocuidado nos dias quentes, trazendo leveza, sabor e conexão com a natureza. Criar um suchá é também um exercício intuitivo: combinar ervas, frutas e especiarias de acordo com suas necessidades, suas intenções e seus desejos do momento.

RECEITA BASE DE SUCHÁ

Ingredientes:

- 1 colher de chá da erva escolhida (*hibisco, camomila, cavalinha, chá verde, hortelã, gengibre, etc.*)
- ½ xícara da fruta ou do suco natural da sua escolha (*limão, laranja, maracujá, abacaxi, melancia, frutas vermelhas, etc.*)
- 300 ml de água filtrada
- Mel, adoçante natural ou especiarias (opcional)

Modo de Preparo:

1. Inicie preparando o chá: aqueça a água até surgirem as primeiras bolhas (sem ferver, se forem folhas e flores delicadas) e adicione a erva escolhida.
2. Tampe e deixe em infusão por cerca de oito a dez minutos.
3. Coe o chá e deixe esfriar até ficar em temperatura ambiente ou leve à geladeira se preferir bem gelado.
4. No liquidificador ou diretamente na jarra, adicione o chá coado e misture com o suco ou a polpa da fruta escolhida.
5. Se desejar, adoce com mel, açúcar demerara ou açúcar de coco. Também pode utilizar especiarias, como hortelã, gengibre, canela ou cravo, para potencializar o sabor e os efeitos.
6. Sirva gelado ou com pedras de gelo.

Dicas:

- ✶ Você pode variar a quantidade de suco, deixando o sabor mais ou menos intenso, conforme sua preferência.
- ✶ É possível combinar mais de uma erva e mais de uma fruta, criando suas próprias poções de bem-estar.
- ✶ Sirva em rituais ou encontros e nos momentos de autocuidado ou de pausa, levando consciência à alquimia dos elementos presentes.

A seguir, você encontrará receitas que nutrem, curam e encantam – bebidas que são, na verdade, poções de bem-estar e vitalidade líquida.

SUCHÁ DIGESTIVO E REFRESCANTE

Hortelã + Limão + Gengibre

Momento Ideal: Após as refeições ou em dias quentes.

Ingredientes:

- ✶ 1 colher (sobremesa) de folhas secas de hortelã
- ✶ Suco de 1 limão
- ✶ 2 fatias finas de gengibre fresco
- ✶ 300 ml de água

Benefícios Esperados: Auxilia na digestão, reduz gases, refresca, desinflama e traz leveza ao corpo e à mente.

SUCHÁ CALMANTE E RELAXANTE

Camomila + Maracujá + Hortelã

Momento Ideal: Final da tarde ou antes de dormir.

Ingredientes:

- 1 colher (chá) de flores de camomila
- ½ xícara de polpa de maracujá
- 2 folhas de hortelã
- 300 ml de água

Benefícios Esperados: Acalma o sistema nervoso, reduz a ansiedade e promove relaxamento e bem-estar.

SUCHÁ ENERGIZANTE E DETOX

Chá verde + Abacaxi + Hortelã

Momento Ideal: Pela manhã ou início da tarde.

Ingredientes:

- 1 colher (sobremesa) de folhas secas de chá verde
- 1 xícara de pedaços de abacaxi
- 2 folhas de hortelã
- 300 ml de água

Benefícios Esperados: Estimula o metabolismo, promove energia, auxilia na eliminação de toxinas e refresca.

SUCHÁ ANTIOXIDANTE E DIURÉTICO

Hibisco + Melancia + Hortelã

Momento Ideal: Ao longo do dia ou após exercícios.

Ingredientes:

- 1 colher (sobremesa) de flores de hibisco
- 1 xícara de pedaços de melancia
- 2 folhas de hortelã
- 300 ml de água

Benefícios Esperados: Ação antioxidante, diurética, combate retenção de líquidos e refresca profundamente.

SUCHÁ PARA IMUNIDADE E VITALIDADE

Gengibre + Cúrcuma + Suco de Laranja

Momento Ideal: Pela manhã ou em dias frios.

Ingredientes:

- 1 colher de chá de gengibre fresco ralado
- 1 colher (chá) de cúrcuma fresca ralada ou ½ colher em pó
- Suco de 2 laranjas
- 300 ml de água

Benefícios Esperados: Fortalece o sistema imunológico, tem ação anti-inflamatória e antioxidante e aquece o corpo.

SUCHÁ PARA TPM E SAÚDE FEMININA

Amora + Hortelã + Suco de Maçã

Momento Ideal: Durante a TPM e menopausa ou quando desejar equilíbrio.

Ingredientes:

- 1 colher (sobremesa) de folhas de amora
- 2 folhas de hortelã
- ½ xícara de suco de maçã natural
- 300 ml de água

Benefícios Esperados: Auxilia na regulação hormonal, alivia sintomas da TPM e menopausa, refresca e acalma.

SUCHÁ RESPIRATÓRIO E REFRESCANTE

Guaco + Hortelã + Suco de Limão

Momento Ideal: Em casos de resfriados, tosses e congestão.

Ingredientes:

- 1 colher (sobremesa) de folhas de guaco
- 2 folhas de hortelã
- Suco de 1 limão
- 300 ml de água

Benefícios Esperados: Alivia tosse e congestão, fortalece os pulmões, limpa as vias respiratórias e traz alívio imediato.

SUCHÁ ANTIOXIDANTE E REFRESCANTE

Hibisco + Abacaxi

◇ **Momento Ideal:** Ao longo do dia, como bebida refrescante, ou após exercícios.

Ingredientes:

- 1 colher (sobremesa) de flores secas de hibisco
- 1 xícara de pedaços de abacaxi
- 300 ml de água

Benefícios Esperados: Rico em antioxidantes que combatem os radicais livres, auxilia na digestão, contribui para o emagrecimento saudável e hidrata o corpo, trazendo energia e frescor natural.

SHOTS FUNCIONAIS

Os shots funcionais são pequenas doses concentradas de ingredientes naturais, preparados com o objetivo de oferecer benefícios específicos à saúde. Geralmente, combinam ervas, especiarias, frutas, raízes e elementos bioativos que atuam de forma rápida no organismo, potencializando efeitos como imunidade, desintoxicação, energia, digestão, relaxamento ou equilíbrio emocional.

São verdadeiros "elixires naturais" que, em poucos goles, carregam uma poderosa alquimia de nutrientes, antioxidantes e compostos terapêuticos.

Simples, práticos e potentes, os shots podem ser tomados em jejum, antes das refeições ou em momentos específicos do dia, funcionando como rituais de autocuidado. Além do benefício físico, eles também carregam uma vibração energética – quando feitos com intenção, oração ou consagração, tornam-se instrumentos de harmonização do corpo, da mente e do espírito.

SHOT ANTI-INFLAMATÓRIO NATURAL

Ingredientes:

- 1 colher de chá de cúrcuma (açafrão-da-terra) em pó
- Suco de 1 limão fresco
- 1 colher de chá de canela em pó (de preferência, canela-do-ceilão)
- 1 colher de sopa de mel puro
- 1 pitada de pimenta-do-reino (opcional, para potencializar a absorção da cúrcuma)
- 2 a 3 colheres de sopa de água morna (para diluir e facilitar a ingestão)

Modo de preparo: Misture todos os ingredientes até formar um líquido homogêneo. Tome logo em seguida, preferencialmente em jejum ou antes de dormir. Agite ou mexa bem antes de consumir.

SHOT DA IMUNIDADE

Ingredientes:

- 20 gotas de própolis verde
- Suco de 1 limão fresco
- 1 colher de chá de cúrcuma em pó
- 50 ml de água filtrada

Modo de preparo: Misture todos os ingredientes até obter uma mistura homogênea. Consuma imediatamente, preferencialmente em jejum ou antes das refeições principais.

SHOT VERDE DETOX

Ingredientes:

* 50 ml de água filtrada
* 5 raminhos de salsa fresca
* ½ folha de couve
* 1 pedaço pequeno de gengibre fresco
* Suco de 1 limão fresco

Modo de preparo: Bata todos os ingredientes no liquidificador até obter uma mistura homogênea. Consuma imediatamente, sem coar, para preservar as fibras.

SHOT ENERGIZANTE PRÉ-TREINO

Ingredientes:

* 50 ml de água filtrada
* Suco de 1 laranja fresca
* 1 colher de chá de beterraba em pó
* 1 colher de chá de gengibre em pó
* 1 pitada de canela em pó

Modo de preparo: Misture todos os ingredientes até obter uma mistura homogênea. Consuma imediatamente, preferencialmente 30 minutos antes do treino.

SHOT DIGESTIVO

Ingredientes:

- 100 ml de água filtrada
- 2 folhas de hortelã fresca
- Suco de ½ limão fresco
- 1 colher de chá de vinagre de maçã
- 1 colher de chá de gengibre em pó

Modo de preparo: Macere as folhas de hortelã em um copo. Adicione os demais ingredientes e misture bem. Consuma imediatamente, preferencialmente antes das refeições.

SHOT RELAXANTE NOTURNO

Ingredientes:

- 150 ml de água filtrada
- 1 colher de sopa de folhas de melissa
- 1 colher de sopa de polpa de maracujá
- 1 colher de chá de mel puro
- 5 gotas de extrato de própolis verde

Modo de preparo: Aqueça a água até o ponto de fervura. Desligue o fogo e adicione as folhas de melissa e a polpa de maracujá. Tampe e deixe em infusão por cinco minutos. Coe, adicione o mel e o própolis, misture bem e consuma morno, preferencialmente antes de dormir.

SUCO DE BABOSA DIGESTIVO E DESINFLAMANTE

Ingredientes:

- ✶ 1 colher de sopa de gel fresco de babosa (retirado da folha)
- ✶ Suco de 1 limão
- ✶ 1 copo de água (200 ml)
- ✶ 1 colher de chá de mel (opcional)

Modo de Preparo:

1. Retire o gel transparente do interior da folha de babosa (evite a parte amarela).
2. Bata o gel no liquidificador com a água, o limão e o mel.
3. Tome em jejum, por no máximo sete dias seguidos.

Benefícios:

- ✶ Ajuda a desinchar o abdômen e aliviar gases.
- ✶ Tem ação anti-inflamatória e cicatrizante no trato intestinal.
- ✶ Estimula o funcionamento do intestino e hidrata o organismo.

GUIA ALQUÍMICO DE ERVAS PARA CHÁS E INFUSÕES

A

- **Abacateiro** (Persea americana) – Suas folhas são ricas em antioxidantes e propriedades diuréticas. São indicadas para auxiliar em inflamações urinárias, dores articulares e retenção de líquidos. O chá das folhas também é utilizado como calmante leve.
- **Acerola** (Malpighia emarginata) – Rica em vitamina C, sua casca e polpa são usadas em infusões para fortalecer o sistema imunológico e combater estados gripais. A acerola auxilia na prevenção de infecções e fortalece a vitalidade.
- **Agrião** (Nasturtium officinale) – Possui propriedades expectorantes e purificadoras do sangue. Tradicionalmente usado para aliviar tosses e bronquites e estimular o apetite. É também associado à purificação emocional.
- **Alcachofra** (Cynara scolymus) – Famosa por seus efeitos digestivos e hepatoprotetores. Auxilia no funcionamento do fígado, reduz o colesterol e pode ser usada para desintoxicações físicas e energéticas.
- **Alcaçuz** (Glycyrrhiza glabra) – Utilizado como anti-inflamatório natural e expectorante. É conhecido por suavizar irritações na garganta e auxiliar no sistema respiratório, sendo também um equilibrador do chacra laríngeo.

- **Alecrim** (Rosmarinus officinalis) – Estimulante natural para a mente e o corpo. Reforça a memória e a concentração e é considerado um tônico para o coração. Em banhos e defumações, afasta energias negativas e ativa o campo energético.
- **Alfafa** (Medicago sativa) – Rica em nutrientes, incluindo cálcio e ferro. É indicada para combater o cansaço, regular hormônios femininos e fortalecer ossos e cabelos. Sua energia está ligada à renovação.
- **Alfavaca** (Ocimum gratissimum) – Tem propriedades antiespasmódicas e digestivas. É usada em infusões para aliviar cólicas, gases e desconfortos estomacais. Seu aroma promove paz e equilíbrio emocional.
- **Alfazema** (Lavanda) (Lavandula angustifolia) – Calmante natural. Utilizada para aliviar o estresse, a insônia e a ansiedade. Seu aroma é purificador e estimula a espiritualidade e o descanso da mente.
- **Algodoeiro** (Gossypium herbaceum) – Suas folhas e raízes são empregadas para equilibrar hormônios e regular o ciclo menstrual. Também é usado em infusões para desinflamar e acalmar dores uterinas.
- **Alho** (Allium sativum) – Antibiótico natural poderoso. Atua no fortalecimento do sistema imunológico e combate bactérias, vírus e fungos. É usado também para proteção espiritual e limpeza energética.
- **Alteia** (Althaea officinalis) – Possui efeito suavizante sobre as mucosas, sendo ideal para problemas respiratórios e digestivos. Sua energia é suave e acolhedora, ideal para momentos de vulnerabilidade.
- **Amora-miúra** (Morus nigra) – Indicada especialmente para mulheres na menopausa, pois regula hormônios e alivia calores. Também fortalece ossos e promove o bem-estar emocional.

* **Angélica** (Angelica archangelica) – Estimula a digestão, alivia gases e fortalece o sistema nervoso. Está ligada à proteção espiritual e é frequentemente usada em rituais de invocação de guias e ancestrais.

* **Angico-vermelho** (Anadenanthera colubrina) – Anti-inflamatório natural, muito usado para tratar bronquites e inflamações na garganta. Suas cascas são utilizadas em infusões curativas e limpezas energéticas.

* **Anis-estrelado** (Illicium verum) – Calmante e digestivo, é indicado para aliviar gases, cólicas e insônia. Seu aroma doce é utilizado em rituais de proteção e expansão espiritual.

* **Arnica** (Arnica montana) – Não deve ser ingerida, mas é usada topicamente para contusões, dores musculares e hematomas. Simbolicamente, representa a cura das feridas emocionais e físicas.

* **Artemísia** (Artemisia vulgaris) – Planta das visões e dos sonhos lúcidos. É usada para intensificar a intuição e a conexão com o feminino e para ativar o poder psíquico. Também auxilia na regularização do ciclo menstrual.

* **Assa-peixe** (Vernonia polysphaera) – Eficaz no tratamento de problemas respiratórios, como tosse, asma e bronquite. Traz vigor aos pulmões e clareza para o chacra do coração.

B

* **Babosa** (Aloe vera) – Regeneradora, cicatrizante e hidratante. Utilizada em problemas de pele e também como digestiva. Na espiritualidade, limpa bloqueios energéticos e renova a aura.

* **Bananeira** (Musa paradisiaca) – Suas folhas são usadas em banhos de limpeza e sua seiva tem propriedades cicatrizantes. Atua energeticamente promovendo acolhimento e firmeza.
* **Barbatimão** (Stryphnodendron adstringens) – Forte antisséptico e anti-inflamatório, usado em infusões e banhos íntimos. Estimula a purificação do corpo e da alma, restaurando a força interior.
* **Boldo-do-chile** (Peumus boldus) – Estimulante do fígado e da digestão. Utilizado após excessos alimentares e para desintoxicação energética. Seu amargor ajuda a trazer consciência e limpeza emocional.

C

* **Café** (Coffea) – Estimulante físico e espiritual. Em rituais, é usado para despertar, clarear intenções e ativar a energia de ação. Pode ser adicionado a banhos para acelerar processos.
* **Cajueiro** (Anacardium occidentale) – Suas folhas possuem ação adstringente e anti-inflamatória. A infusão é indicada para problemas bucais e de garganta. Energeticamente, promove aterramento e resistência.
* **Calêndula** (Calendula officinalis) – Antisséptica e cicatrizante, ideal para cuidados com a pele. Sua energia é solar, traz alegria, proteção e cura emocional. Utilizada em banhos de abertura de caminhos.
* **Camomila** (Matricaria chamomilla) – Suave e calmante, é ideal para ansiedade, insônia e cólicas. Ajuda a acalmar crianças e adultos, trazendo paz e acolhimento emocional.

- **Cana-do-brejo** (Costus spicatus) – Diurética e depurativa, é usada para problemas renais e infecções urinárias. No campo energético, limpa os caminhos e facilita novas decisões.

- **Canela** (Cinnamomum verum ou Cinnamomum cassia) – Estimulante da circulação e da energia vital. Traz calor, amor, prosperidade e paixão. Muito utilizada em rituais de atração, prosperidade e abertura de caminhos.

- **Capim-santo** (Capim-limão) (Cymbopogon citratus) – Calmante, digestivo e levemente sedativo. Promove relaxamento, clareza e alinhamento espiritual. Excelente para infusões noturnas.

- **Carqueja** (Baccharis trimera) – Usada para desintoxicação hepática, diabetes e controle de colesterol. Sua energia é forte e de limpeza profunda, removendo excessos físicos e espirituais.

- **Cavalinha** (Equisetum arvense) – Diurética, fortalece ossos, unhas e cabelos. Age como uma planta de sustentação e estrutura. Em banhos, reforça o campo energético e promove estabilidade.

- **Chapéu-de-couro** (Echinodorus grandiflorus) – Usado para tratar problemas urinários, reumáticos e inflamações. Representa limpeza e renovação. Auxilia em banhos de descarrego e purificação.

- **Cipó-mil-homens** (Aristolochia cymbifera) – Planta amarga, usada para reumatismo, artrite e distúrbios digestivos. Atua energeticamente como purgador de energias densas e ciclos que precisam ser encerrados.

- **Clitória** (Clitoria ternatea) – Antioxidante, ansiolítica e neuroprotetora. Suas flores produzem um chá azul que acalma, fortalece a imunidade e melhora a memória. É usada em rituais para expansão da consciência, ativação da intuição e limpeza do campo energético.

- **Colônia** (Levante) (Alpinia zerumbet) – Planta calmante e de limpeza energética, auxilia na redução do estresse, da ansiedade e da insônia. Seu chá tem leve efeito diurético e relaxante.

- **Cravo-da-índia** (Syzygium aromaticum) – Antisséptico, afrodisíaco e digestivo. Seu aroma é quente e envolvente, sendo usado para atrair amor e paixão. Também protege contra inveja e energias densas.

- **Cúrcuma** (Açafrão-da-terra) (Curcuma longa) – Anti-inflamatória poderosa, usada para dores articulares, desintoxicação e fortalecimento do sistema imunológico. No plano espiritual, é uma planta de iluminação e proteção.

D

- **Dente-de-leão** (Taraxacum officinale) – Diurético e desintoxicante, atua na purificação do sangue e do fígado. Representa libertação emocional e leveza no caminho espiritual.

E

- **Erva-cidreira** (Melissa) (Melissa officinalis) – Calmante natural, excelente para tratamento de ansiedade, cólicas, problemas digestivos, dores de cabeça e insônia. Sua energia é doce e acolhedora, ideal para rituais de tranquilidade e harmonia.

- **Erva-mate** (Ilex paraguariensis) – Energizante e rica em antioxidantes. Tradicional nas rodas de partilha e conexão. Representa vitalidade, comunhão e clareza de pensamentos.

- **Espinheira-santa** (Maytenus ilicifolia) – Atua no sistema digestivo, especialmente em úlceras e gastrites. No campo sutil, protege o coração espiritual e ajuda a curar mágoas.
- **Eucalipto** (Eucalyptus globulus) – Descongestionante, antisséptico e purificador. Ideal para problemas respiratórios e banhos de limpeza energética profunda. Estimula a respiração da alma.

G

- **Garra-do-diabo** (Harpagophytum procumbens) – Utilizada para dores reumáticas e articulares. É uma planta que oferece força e persistência para enfrentar desafios e processos dolorosos.
- **Gengibre** (Zingiber officinale) – Estimulante, anti-inflamatório e afrodisíaco. Aquece corpo e alma, desperta o entusiasmo e acelera o metabolismo energético e físico.
- **Ginkgo biloba** (Ginkgo biloba) – Melhora a circulação cerebral e a memória. Estimula a clareza mental e é usado para desbloquear ideias e acessar sabedorias antigas.
- **Goiabeira** (Psidium guajava) – Suas folhas são usadas para infecções intestinais, diarreia e cicatrizações. Energiza o corpo e fortalece a energia vital.
- **Graviola** (Annona muricata) – Combate inflamações e dores musculares. É calmante e atua sobre os sistemas imunológico e nervoso. No espiritual, representa força doce e sensível.
- **Ginseng** (Panax ginseng) – Revitalizante natural. Reforça a imunidade, combate o cansaço e aumenta a disposição física e mental. Desperta a energia do guerreiro interior.

H

- ✶ **Hibisco** (Hibiscus sabdariffa) – Diurético, antioxidante e emagrecedor. É usado em banhos para renovação emocional, fim de relacionamentos e recomeços. Representa beleza e sensualidade.

- ✶ **Hortelã** (Mentha piperita) – Refrescante, digestiva e expectorante. Seu aroma traz ânimo e clareza. É ideal para renovar o campo energético e trazer leveza aos pensamentos.

I

- ✶ **Inhame** (Dioscorea alata) – Imunomodulador e depurativo. Atua na eliminação de toxinas e na limpeza do sangue. Representa nutrição energética e purificação profunda.

- ✶ **Ipê-roxo** (Handroanthus impetiginosus) – Anti-inflamatório e analgésico. Usado para fortalecer a imunidade e combater infecções. Sua energia é de firmeza e proteção espiritual.

L

- ✶ **Laranja** (Citrus sinensis) – Estimulante do humor e relaxante leve. Suas cascas são usadas para atrair prosperidade, alegria e sorte. Representa abundância e alegria solar.

- ✶ **Limão** (Citrus limon) – Desintoxicante, antibacteriano e refrescante. Usado para purificações físicas e espirituais. Limpa, equilibra e renova os ambientes e a aura.

* **Louro** (Laurus nobilis) – Simboliza vitória, sabedoria e proteção. Usado em chás digestivos e em rituais de abundância e gratidão. Abre caminhos e atrai realizações.

M

* **Maçã** (Malus domestica) – Adocicada e nutritiva, sua casca em infusões promove bem-estar, harmonia e energia amorosa. Simboliza tentação, conhecimento e fertilidade.

* **Malva** (Malva sylvestris) – Suaviza mucosas e inflamações e é ideal para cuidados com a garganta. É uma planta gentil, que protege e cura suavemente dores emocionais e físicas.

* **Mangabeira** (Hancornia speciosa) – Indicada para problemas gastrointestinais, tem ação adstringente e cicatrizante. Suas folhas podem ser utilizadas em chás para aliviar diarreias leves.

* **Manjericão** (Ocimum basilicum) – Fortalece o sistema imunológico, alivia dores de cabeça e tensões. Possui propriedades antibacterianas e digestivas, sendo ótimo em banhos e infusões.

* **Maracujá** (Passiflora incarnata) – Calmante natural, ajuda em casos de insônia, ansiedade e agitação. Suas folhas são tradicionalmente usadas em chás com efeito sedativo.

* **Mastruz** (erva-de-santa-maria) (Dysphania ambrosioides) – Muito usado na medicina popular como vermífugo e expectorante. Tem forte ação no tratamento de problemas respiratórios e parasitas intestinais.

* **Mulungu** (Erythrina verna) – Fortemente sedativo e ansiolítico natural. Indicado para estados de estresse, insônia profunda e agitação emocional. Deve ser usado com moderação.

N

* **Noz-moscada** (Myristica fragrans) – Estimulante e afrodisíaco natural, mas deve ser usada em pequenas doses. Ajuda na digestão e aquece energeticamente o corpo.

P

* **Picão-preto** (Bidens pilosa) – Tem propriedades anti-inflamatórias e é muito utilizado no tratamento de problemas hepáticos e renais, além de auxiliar em casos de dengue.
* **Pitanga** (Eugenia uniflora) – Suas folhas têm ação antioxidante e anti-inflamatória. O chá é usado para controlar a pressão arterial e ajudar na digestão.
* **Pixurim** (Licuri) (Syagrus coronata) – Semente aromática de forte poder espiritual, usada em defumações, banhos e preparos para proteção energética e ativação da força ancestral.

Q

* **Quebra-pedra** (Phyllanthus niruri) – Poderosa para o trato urinário. Dissolve cálculos renais e ajuda a eliminar toxinas, sendo amplamente usada para tratar infecções urinárias.

R

* **Romã** (Punica granatum) – Tem ação adstringente, anti-inflamatória e cicatrizante. Usada em gargarejos para inflamações de garganta e em infusões para fortalecer a imunidade.

* **Rosa-mosqueta** (Rosa rubiginosa ou Rosa moschata) – Regeneradora dos tecidos e muito usada para cuidados com a pele. Seu chá pode ser calmante e auxiliar em processos de cura emocional.

S

* **Sabugueiro** (Sambucus nigra) – Indicado para resfriados, gripes e febres. Possui ação sudorífera e expectorante, auxiliando na eliminação de toxinas pelo suor.

* **Sálvia** (Salvia officinalis) – Potente estimulante cerebral, ajuda na memória e na clareza mental. Tem ação antimicrobiana e é usada em rituais de purificação energética.

* **Sambacaitá** (ou Sambacaitá-miúdo) (Siparuna guianensis) – Planta amazônica de forte valor ritualístico, usada em banhos e chás para acalmar a mente e afastar energias densas.

* **Sucupira** (Pterodon emarginatus) – Utilizada no alívio de dores articulares, reumatismo e inflamações. Suas sementes têm alto poder anti-inflamatório e analgésico.

T

* **Tangerina** (Citrus reticulata) – As cascas são calmantes, digestivas e ajudam na circulação sanguínea. Excelente para chás relaxantes com aroma revigorante.

U

* **Unha-de-gato** (Uncaria tomentosa) – Imunoestimulante natural. Usada no combate a infecções, inflamações crônicas e doenças autoimunes. Também tem ação purificadora.

V

* **Valeriana** (Valeriana officinalis) – Fortemente sedativa, indicada para insônia, ansiedade e estresse intenso. Seu uso deve ser moderado e consciente.
* **Verbena** (Verbena officinalis) – Calmante, digestiva e equilibradora emocional. Tradicionalmente associada à inspiração espiritual e ao alívio de tensões psíquicas.
* **Violeta** (Viola odorata) – Utilizada em chás e banhos para fortalecer o campo emocional e tratar problemas respiratórios leves. Está ligada à pureza e ao amor elevado.

Z

- **Zedoária** (Curcuma zedoaria) – Estimula a digestão, limpa o fígado e o sangue. Considerada sagrada em práticas espirituais, com forte poder de purificação.

- **Zimbro** (Juniperus communis) – Estimulante da digestão e diurético. Suas bagas têm aroma forte e são utilizadas em banhos e defumações para afastar energias densas.

TINTURA DE ERVAS

As tinturas são preparações concentradas que capturam a alma medicinal das ervas. Utilizadas há séculos na fitoterapia, são feitas a partir da imersão das ervas em um solvente - tradicionalmente o álcool, mas também podendo ser o vinagre de maçã ou a glicerina vegetal - com o objetivo de extrair e preservar seus princípios ativos.

Essa é uma forma prática, eficaz e duradoura de armazenar os poderes curativos das plantas, que pode ser facilmente incorporada ao cotidiano: bastam algumas gotas em um chá, na água ou sob a língua para ativar suas propriedades.

Ingredientes Necessários

* **Ervas Frescas ou Secas**
  Escolha a erva de acordo com o efeito desejado.

A seguir, algumas sugestões:

- **Alecrim** - Estimula a mente, fortalece a memória e a concentração.
- **Camomila** - Traz calma, alivia o estresse e facilita o sono.
- **Calêndula** - Tem ação anti-inflamatória, cicatrizante e purificadora.
- **Mulungu** - Calmante natural, ajuda no tratamento da ansiedade, insônia e tensão nervosa.

* **Solvente**
  Álcool de cereais (ou vodca de boa qualidade, com teor alcoólico acima de 40%). O álcool é o extrator mais eficiente e duradouro, mas, para quem busca alternativas sem álcool, o vinagre de maçã orgânico ou a glicerina vegetal podem ser utilizados.

* **Frasco de Vidro com Tampa Hermética**
  Prefira frascos âmbar ou escuros, que protegem o conteúdo da luz, preservando sua potência.
* **Coador de papel ou voal**
* **Rótulo para identificar a planta e a data de preparo**

Modo de Preparo:

1. Prepare as Ervas: Se forem frescas, lave-as bem e pique em pedaços pequenos. Para ervas secas, utilize na forma de folhas, flores ou raízes inteiras, evitando o pó. Preencha ⅓ a ½ do volume do frasco com a erva escolhida.
2. Adicione o Solvente: Despeje o álcool (ou solvente alternativo) até cobrir completamente as ervas. Deixe um pequeno espaço no topo do frasco, pois a matéria vegetal pode se expandir.
3. Armazene com Intenção: Feche bem o frasco e agite suavemente. Guarde em local escuro e fresco por quatro a seis semanas. Durante esse tempo, agite o frasco diariamente com presença e gratidão, como se estivesse despertando a força da planta a cada gesto.
4. Filtragem: Após o período de maceração, coe o conteúdo com um filtro de papel, gaze ou tecido limpo. Esprema bem as ervas para extrair todo o líquido. As ervas restantes podem ser compostadas.
5. Envase e Rotulagem: Transfira a tintura coada para um frasco escuro e limpo. Identifique com o nome da erva e a data de preparo. Se desejar, adicione uma etiqueta com a finalidade espiritual ou terapêutica da planta, tornando o uso ainda mais consciente.

Como Usar a Tintura:

- **Dosagem Tradicional:** De vinte a trinta gotas diluídas em água, chá ou suco, de uma a três vezes ao dia, conforme a necessidade e a planta utilizada.
- **Integração Espiritual:** As tinturas podem ser usadas em rituais de autocuidado, antes de meditações ou como um apoio vibracional em momentos de transição, cura ou fortalecimento. Ao tomar, mentalize a energia da planta preenchendo seu campo com equilíbrio, sabedoria e luz.

OLEATO DE ERVAS

Os oleatos de ervas são preparados pela maceração de flores, folhas, sementes ou raízes em um óleo vegetal, como azeite, girassol ou amêndoas. Durante o processo de infusão — que pode ser lento, ao natural, ou acelerado com calor suave — o óleo absorve os princípios ativos, aromas sutis e a energia vibracional da planta.

Diferem dos óleos essenciais, que são concentrados por destilação: os oleatos têm aroma mais suave, mas oferecem força equilibrada, segura e acessível. Usados em massagens, cuidados naturais e práticas espirituais, atuam como canais de proteção, cura e conexão com a natureza. Preparar um oleato é mais que uma técnica: é um ritual que une corpo, mente e espírito em harmonia.

Materiais Necessários:

- ✶ **Ervas Frescas ou Secas**
  Escolha conforme sua intenção e necessidade energética.

Algumas sugestões:

- ✶ Lavanda – Calmante, suaviza a ansiedade e traz paz interior.
- ✶ Alecrim – Estimulante, desperta a mente e fortalece a memória.
- ✶ Hortelã – Refrescante, alivia a fadiga e purifica o campo energético.

1. **Óleo Carreador**
   - ✧ **Use um óleo vegetal de boa qualidade:** azeite de oliva, óleo de coco fracionado, óleo de semente de uva ou óleo de amêndoas doces. Ele será a base que absorverá os princípios ativos e vibracionais das ervas.
2. **Frasco de Vidro com Tampa Hermética**
   Prefira frascos escuros, que ajudam a preservar a potência do óleo ao protegê-lo da luz.
3. **Panela ou Banho-Maria**
   Para aquecer a infusão de maneira delicada.
4. **Pano Limpo ou Filtro de Café**
   Para coar o óleo ao final do processo.

Modo de Preparo:

1. **Preparação das Ervas:** Se estiver usando ervas frescas, lave-as bem e corte-as em pedaços pequenos. Se forem secas, use partes inteiras (folhas, flores, caules), evitando o pó, que pode deixar o óleo turvo. Encha cerca de 2/3 do frasco de vidro com as ervas.
2. **Adição do Óleo Carreador:** Cubra completamente as ervas com o óleo escolhido, até que não fiquem partes expostas ao ar. Isso evita a oxidação e garante uma extração mais estável.
3. **Aquecimento Suave:** Coloque o frasco em banho-maria e aqueça em fogo bem baixo por duas a três horas, sem deixar ferver – o calor deve ser suave, apenas o suficiente para liberar lentamente as propriedades da planta. Mexa ocasionalmente com uma colher de madeira ou bambu, ativando a energia do preparo com sua intenção. Se preferir, também é possível deixar o vidro em repouso por semanas ou meses em local iluminado, permitindo que o tempo e a luz façam a infusão de forma natural e alquímica.
4. **Resfriamento Natural:** Retire o frasco do calor e permita que a mistura esfrie completamente, em paz. Esse tempo de repouso ajuda o óleo a absorver ainda mais as propriedades da planta.
5. **Coar e Purificar:** Use um pano limpo ou filtro de café para coar a mistura. Esprema bem as ervas para extrair o máximo do óleo. As ervas coadas podem ser devolvidas à terra, usadas em banhos ou oferendas.
6. **Armazenamento com Consciência:** Transfira o óleo coado para um frasco de vidro escuro, limpo e bem seco. Feche hermeticamente.
7. **Rotulagem Mágica:** Identifique o frasco com o nome da planta, a data de preparo e, se desejar, uma palavra de intenção como "cura", "proteção", "amor" ou "claridade".

Usos do Óleo Essencial Artesanal

- **Aromaterapia:** Pingue algumas gotas no difusor, na água do banho ou em um lenço para inalar profundamente seus efeitos.
- **Massagem e Autocuidado:** Use diretamente na pele (com teste prévio de sensibilidade), em pontos energéticos como pulsos, têmporas, peito ou planta dos pés. Ideal para rituais de autocuidado e conexão interior.
- **Rituais e Magia Natural:** Utilize como unção em velas, objetos mágicos, ferramentas sagradas ou em si mesmo, antes de meditações, banhos de ervas ou orações. Potencializa a energia ritualística e ancora a presença da planta no campo sutil.

BORRIFADOR DE ERVAS

O borrifador de ervas é uma forma simples e encantadora de transformar a vibração de um espaço. Cada borrifo carrega a memória ancestral das plantas e sua capacidade de transmutar energias sutis, restaurando o equilíbrio e a harmonia. Seja em casa, no altar, no quarto de dormir ou mesmo em um espaço de trabalho, esse preparado atua como um véu de luz aromática, despertando o bem-estar e a conexão com o sagrado.

A seguir, você encontra um guia prático e intuitivo para preparar o seu borrifador de ervas artesanal, com propósito, amor e consciência.

Ingredientes:

1. **Água Filtrada ou Mineral**
   Base líquida que recebe e conduz as propriedades das ervas. Se desejar, pode usar água de fonte ou água previamente energizada com cristais ou oração.

2. **Ervas Frescas ou Secas (à sua escolha e intenção):**

✶ Sálvia – Purificação espiritual, limpeza de energias densas.

✶ Lavanda – Paz interior, relaxamento e equilíbrio emocional.

✶ Alecrim – Clareza mental, proteção energética e vigor.

✶ Hortelã – Revitalização, frescor e expansão dos sentidos.

✶ Arruda – Forte proteção espiritual, quebra de invejas e mau-olhado.

3. **Álcool de Cereais ou Vodca (opcional)**
   Facilita a conservação e intensifica a extração dos compostos aromáticos. Use uma colher de sopa para cada litro de água, se desejar.
4. **Frasco Borrifador**
   Preferencialmente de vidro escuro ou âmbar, limpo e seco, com tampa spray.

Modo de Preparo:

1. **Preparação das Ervas:** Se usar ervas frescas, lave-as delicadamente e pique em pedaços menores. Se usar ervas secas, certifique-se de que estão aromáticas e em boas condições.

   ✧ **Proporção sugerida:** Uma a duas colheres de sopa de ervas secas (ou um punhado das frescas) para cada litro de água.

2. **Infusão Aromática:** Aqueça a água até ferver. Desligue o fogo e adicione as ervas escolhidas. Tampe e deixe em infusão por quinze a trinta minutos, permitindo que os aromas e as propriedades das plantas se incorporem à água.

3. **Coar com Gratidão:** Depois de esfriar, coe a infusão com um pano limpo, gaze ou coador. Separe o líquido e, se desejar, devolva as ervas à natureza ou as utilize em um banho espiritual.
4. **Adição do Álcool (opcional):** Se desejar conservar por mais tempo e intensificar o aroma, adicione uma colher de sopa de álcool à infusão coada.
5. **Armazenamento com Intenção:** Despeje o líquido no frasco borrifador, preenchendo com presença e amor. Você pode acrescentar algumas gotinhas de óleo essencial para fortalecer o efeito energético e aromático (opcional).
6. **Rotulagem Energética:** Identifique seu borrifador com o nome das ervas, a data de preparo e, se quiser, uma palavra de intenção, como "paz", "proteção", "alegria" ou "luz".

Formas de Uso

✶ **Purificação do Ambiente**
Borrife nos cantos da casa, próximo a portas e janelas, ou em locais onde a energia estiver densa.

Inspire profundamente enquanto mentaliza: "*Que a luz das ervas purifique este espaço e eleve sua vibração.*"

✶ **Ambientes de Paz e Concentração**
Ideal para o altar, local de trabalho, estudo ou descanso. O aroma acalma, organiza os pensamentos e traz leveza ao ambiente.

✶ **Rituais e Práticas Espirituais**
Antes de utilizar em ritual, meditação, oração ou prática oracular, use o borrifador para criar um campo sagrado e receptivo. Borrife ao redor do corpo, em objetos ou no espaço com reverência e intenção clara.

SPRAY DE BLINDAGEM ENERGÉTICA

Ingredientes:

- ✶ 200 ml de água filtrada ou água de fonte
- ✶ 10 gotas de óleo essencial de lavanda (proteção e paz)
- ✶ 10 gotas de óleo de alecrim ou hortelã (elevação e clareza)
- ✶ 1 punhado de sal grosso (dentro da garrafinha)
- ✶ 1 quartzo branco pequeno dentro do frasco (opcional)

Uso:

- ✶ Borrife em casa, no campo áurico, na entrada, nas mãos antes de rituais, em atendimentos ou saídas.

SACHÊ MÁGICO DE ERVAS

O sachê é uma pequena bolsa de tecido recheada com ervas, flores secas, sementes, especiarias ou cristais, utilizada como ferramenta de proteção, cura, atração e harmonização energética. Discreto, encantador e profundamente simbólico, o sachê é um dos instrumentos mágicos mais antigos e acessíveis, presente em tradições de diversas culturas.

O sachê de ervas, usado para perfumar e harmonizar ambientes, não deve ser confundido com o patuá de proteção, que costuma conter ervas mais fortes, como alho, arruda e sal grosso. Enquanto o sachê atua de forma sutil, perfumando com afeto e intenção, o patuá tem função mais ritualística, sendo costurado com rezas e usado como amuleto de defesa espiritual. Ambos guardam a força vibracional das plantas, cada um à sua maneira.

Quando usar um sachê de ervas?

- ✶ Para proteger ambientes e objetos pessoais de influências densas.
- ✶ Para atrair prosperidade, amor, criatividade, serenidade ou sonhos lúcidos.
- ✶ Para presentear alguém com energia amorosa e vibrante.
- ✶ Para ampliar a intuição durante o sono, quando usado sob o travesseiro.
- ✶ Como oferta espiritual, junto a altares, velas ou orações, ativando bênçãos com afeto e propósito.

Materiais Necessários:

- ✶ Tecido natural leve (algodão, linho ou organza) em formato de quadrado ou círculo
- ✶ Fita, barbante ou linha para fechar
- ✶ Ervas, flores, sementes ou especiarias secas (escolha de acordo com a intenção)
- ✶ Cristais pequenos, orações escritas ou símbolos mágicos (opcional)
- ✶ Gotas de óleo essencial para intensificar o aroma e a vibração (opcional)

SUGESTÕES DE COMBINAÇÕES

- **Proteção:** Arruda, alecrim, lavanda e folha de louro.
- **Amor:** Rosas, hibisco, canela e jasmim.
- **Prosperidade:** Manjericão, canela, girassol e sementes de mostarda.
- **Sonhos e intuição:** Lavanda, camomila, erva-doce e cristal ametista.
- **Energia e coragem:** Cravo, guaraná em pó, gengibre seco e alecrim.

Modo de Preparo:

1. Escolha intuitiva das ervas: Conecte-se com sua intenção. Escolha de duas a quatro ervas que representem aquilo que deseja manifestar ou harmonizar.
2. Prepare o espaço: Acenda uma vela, respire profundamente e eleve sua vibração. Cada sachê é um pequeno ritual em forma de objeto.
3. Monte o sachê: Coloque as ervas no centro do tecido. Se desejar, adicione um cristal, símbolo ou papel com uma palavra de poder escrita à mão.
4. Feche com intenção: Junte as pontas do tecido e amarre com a fita, fazendo um nó com firmeza e presença. Enquanto amarra, declare sua intenção em voz alta ou mentalmente.

Como usar:

- **Em casa:** Pendure atrás da porta, coloque na cabeceira da cama ou no altar.
- **No corpo:** Guarde na bolsa, leve no bolso ou pendure junto a um colar ou pulseira.
- **No carro ou local de trabalho:** Para afastar energias densas e preservar o campo vibracional.
- **No travesseiro:** Use à noite para sonhos intuitivos ou descanso profundo.

DICA ALQUÍMICA

Assim como as ervas secam e se renovam com o tempo, o sachê também possui um ciclo. Refaça-o a cada três meses ou sempre que sentir que perdeu o aroma e a força. Ao descartá-lo, devolva o conteúdo à natureza com gratidão.

Faça do sachê um guardião silencioso de seus propósitos. Que cada nó amarrado seja também um elo entre você, a Terra e o mistério.

PATUÁ DE PROTEÇÃO

Patuá é um amuleto tradicional feito com elementos naturais que afastam energias negativas, inveja e influências espirituais indesejadas. Ideal para carregar na bolsa, deixar próximo à porta de entrada, no carro ou no quarto.

Materiais:

- 1 pedaço pequeno de pano natural (algodão ou linho), preferencialmente branco, vermelho ou roxo
- 1 dente de alho (proteção e afastamento de energias negativas)
- 1 galhinho de arruda (limpeza espiritual e corte de demandas)
- 1 punhado de sal grosso (purificação e escudo energético)
- 1 pedaço de canela em pau (atração de força, ânimo e proteção)
- 1 punhado de cravos-da-índia (proteção contra mau-olhado e firmeza energética)
- 1 fita ou barbante para amarrar (preferencialmente na cor vermelha ou preta)

Modo de Preparo:

1. Em um momento de silêncio e concentração, abra o pano e coloque os ingredientes no centro, um a um, mentalizando proteção e força espiritual.
2. Una as pontas do pano, formando uma trouxinha, e amarre firmemente com a fita ou barbante.
3. Ao amarrar, faça uma oração, reza de proteção ou afirme: "*Meu corpo e minha alma estão protegidos. Que nenhuma energia negativa me alcance. Que a luz me guie.*"
4. Carregue com você, mantenha por perto ou deixe em local estratégico. Se o patuá cair, rasgar ou desaparecer, agradeça: ele cumpriu sua missão.

LAMBEDOR PARA GRIPES E RESFRIADOS

O lambedor é uma antiga receita da sabedoria popular que combina o doce poder do mel com a força das ervas medicinais. Ideal para aliviar os sintomas de gripes e resfriados, como tosse, irritação na garganta e congestão. Essa preparação natural atua também como tônico imunológico.

Ingredientes:

- Mel Puro – Suaviza, cicatriza e protege a garganta com suas propriedades antibacterianas.
- Gengibre fresco (Zingiber officinale) – Estimula o sistema imunológico, alivia dores e aquece o corpo.
- Limão (Citrus limon) – Fonte natural de vitamina C e antioxidantes, reforça as defesas do organismo.
- Alho (Allium sativum) – Poderoso antibacteriano e antiviral, combate infecções e fortalece o corpo.

Modo de Preparo:

Prepare os Ingredientes: Descasque e rale uma colher de sopa de gengibre fresco. Esprema o suco de um limão. Pique um a dois dentes de alho fresco.

1. Misture com o Mel: Em uma tigela, misture bem todos os ingredientes com meia xícara de mel puro até incorporar.
2. Armazene com Intenção: Transfira para um frasco de vidro escuro, limpo e seco. Deixe repousar por 24 horas em local fresco e escuro antes do primeiro uso.

Como usar:

- ✶ Para alívio imediato: Tome uma colher de sopa quando sentir tosse, irritação ou congestão. Pode ser tomado puro ou diluído em chá morno.
- ✶ Para prevenção: Durante o outono e inverno, ou em tempos de baixa imunidade, tome uma colher por dia.

POMADA DE ERVAS

A pomada é uma preparação fitoterápica mais leve, criada a partir da combinação de óleos vegetais, ervas medicinais e cera natural. Sua textura cremosa é rapidamente absorvida pela pele, promovendo alívio, hidratação e regeneração dos tecidos. Ao contrário do unguento, a pomada é pensada para o uso cotidiano, com ação terapêutica direta e rápida, sendo aplicada com facilidade e suavidade.

Ingredientes:

- ✶ **Ervas frescas ou secas:** Escolha a planta conforme a finalidade desejada, para cicatrização, alívio, proteção ou nutrição energética.
- ✶ **Óleo carreador:** Utilize azeite de oliva, óleo de coco ou óleo de amêndoas doces como base nutritiva que extrai e conduz as propriedades das ervas.
- ✶ **Cera de abelha:** Responsável por dar consistência e formar uma película protetora sobre a pele, ajudando a manter a hidratação e os princípios ativos.

Modo de Preparo:

1. Em uma panela pequena – de preferência, reservada apenas para preparos terapêuticos –, aqueça em fogo bem baixo 50 g de óleo vegetal de boa qualidade (como gergelim, amêndoas ou semente de uva) junto a uma colher de chá de óleo de gérmen de trigo. Adicione uma colher de sopa de cera de abelha ralada e mexa delicadamente até que esteja completamente derretida, o que deve levar cerca de dois a três minutos.
2. Retire do fogo e deixe amornar por alguns instantes. Em seguida, acrescente uma colher de sopa da erva escolhida, bem picada, para liberar suas propriedades no preparo.
3. Caso a pomada fique muito firme, adicione mais óleo. Se ficar muito mole, incremente com um pouco mais de cera. Quando estiver fria, armazene em potinhos limpos, preferencialmente de vidro ou latinhas, guardando em local fresco e protegido da luz.

Como usar:

Aplique em picadas, cortes, queimaduras leves, pele ressecada ou regiões doloridas. Massageie com presença, permitindo que a pomada atue com sabedoria.

Sugestão: Faça uma oração ou intenção ao preparar e ao aplicar, consagrando-a como remédio espiritual e físico.

UNGUENTO DE ERVAS

O unguento é uma preparação tópica semissólida, composta por uma base oleosa (como ceras naturais ou óleos vegetais) e substâncias terapêuticas, como óleos essenciais, extratos ou resinas, que garantem uma ação prolongada na pele. Sua textura espessa e sem adição de água o torna mais estável do que as pomadas tradicionais, recriando essa sabedoria ancestral em uma abordagem funcional e natural para o cuidado corporal.

Ingredientes:

- **Ervas frescas ou secas:** Escolha a planta conforme a finalidade desejada – cicatrização, alívio, proteção ou nutrição energética.
- **Óleo carreador:** Utilize azeite de oliva, óleo de coco ou óleo de amêndoas doces como base nutritiva que extrai e conduz as propriedades das ervas.
- **Cera de abelha:** Responsável por dar consistência e formar uma película protetora sobre a pele, ajudando a manter a hidratação e os princípios ativos.

Materiais Necessários:

- Panela para banho-maria
- Frascos de vidro escuro
- Gaze ou pano fino
- Colher de bambu ou espátula
- Termômetro (opcional)

Modo de Preparo:

1. **Preparação das Ervas:** Lave e pique as ervas frescas ou use as secas em pedaços. Coloque em um frasco de vidro, preenchendo ⅓ do volume.
2. **Adição do Óleo:** Cubra totalmente com o óleo. Elimine bolhas de ar.
3. **Infusão Alquímica:** Aqueça entre 40°C e 60°C por uma hora em banho-maria ou em outro tempo que você perceba que está no ponto. Mexa com presença. (Ou faça infusão solar por sete a quatorze dias.)
4. **Coe com Gratidão:** Separe o óleo das ervas com pano ou gaze. Devolva as ervas à terra.
5. **Incorporação da Cera:** Adicione uma parte de cera para cada quatro de óleo. Derreta e misture bem.
6. **Envase:** Despeje ainda morno nos frascos. Deixe esfriar antes de tampar. Rotule com o nome das ervas e a data.

Uso do Unguento

✶ **Aplicação Tópica:** Em áreas com dores, inflamações, ressecamentos ou feridas leves.

✶ **Ritual de Conexão:** Durante a aplicação, respire e visualize a energia da planta agindo sobre você.

✶ **Intenção Espiritual:** Utilize para ungir chacras, portais e objetos mágicos ou fazer selos de proteção com o unguento.

O unguento é silêncio, força e permanência – um guardião do tempo e da memória vegetal.

CATAPLASMA DE ERVAS

O cataplasma é uma das formas mais antigas de cura natural, utilizado para aliviar inflamações, extrair toxinas, relaxar músculos e trazer conforto físico e energético. Ele une o frescor das plantas ao calor do toque, despertando a inteligência natural do corpo para se regenerar.

Ingredientes:

Ervas frescas ou secas (trituradas ou maceradas) de acordo com a finalidade específica, como:

- **Arnica** – Anti-inflamatória e alivia contusões e dores musculares.
- **Gengibre** – Estimula a circulação e aquece a área aplicada.
- **Camomila** – Calmante, relaxante e desintoxicante.
- **Hortelã** – Refrescante, descongestionante e analgésica.

Base complementar (opcional):

- Argila verde ou branca (potencializa a absorção e purificação)
- Farinha de linhaça ou aveia (ajuda a formar a massa e acalma a pele)

Líquido para misturar:

- Água morna
- Chá concentrado das mesmas ervas
- Óleo vegetal (em casos de pele seca ou sensível)

Modo de Preparo:

1. **Prepare a Massa Herbal:** Triture ou amasse bem as ervas até formar uma pasta. Misture com argila, farinha e líquido morno até obter uma consistência pastosa e fácil de espalhar.
2. **Aplique com Intenção:** Coloque a pasta diretamente sobre a pele ou sobre um pano de algodão ou gaze limpa. Aplique na região desejada (como abdômen, costas, joelhos ou peito) com leve pressão.
3. **Cubra e Deixe Atuar:** Cubra com um tecido leve ou uma faixa. Deixe agir por vinte a quarenta minutos, dependendo da finalidade. Enquanto age, respire profundamente e visualize a cura se irradiando.
4. **Remova e Limpe:** Retire o cataplasma com água morna. Se desejar, depois aplique um óleo calmante ou uma pomada.

Como usar:

Ideal para dores, inflamações, cólicas, retenção de líquidos, congestão respiratória ou para puxar "calor interno" (febres, intoxicações).

Use também para rituais de extração energética, visualizando que a erva retira emoções ou vibrações nocivas do corpo.

Dica Alquímica: Ao preparar o cataplasma, cante, ore ou respire com presença. As plantas respondem ao seu campo vibracional. A cada aplicação, transforme o toque em um gesto de amor e reconexão com sua natureza profunda.

SEMENTES CURATIVAS

As sementes concentram a força vital das plantas. Incluir essas pequenas aliadas na alimentação é uma forma de nutrir o corpo, equilibrar o organismo e se conectar à abundância da terra.

Semente de Abóbora

- ✶ Rica em fibras, fortalece o intestino e a flora bacteriana.
- ✶ Ajuda a prevenir constipações intestinais e doenças do cólon.
- ✶ **Como consumir:** Um punhado (30 g) de sementes por dia, assadas ou trituradas em iogurtes, saladas ou sucos.

Semente de Melancia

- ✶ Rica em citrulina, melhora a circulação e fortalece o sistema cardiovascular.
- ✶ **Como consumir:** Faça um chá medicinal com duas colheres (chá) das sementes em 500 ml de água fervente. Coe após dez minutos e beba ao longo do dia.

Semente de Girassol

- ✶ Fonte de proteína, vitamina E e magnésio.
- ✶ Boa para a pele, o cabelo e a saúde emocional.
- ✶ **Como consumir:** Crua ou tostada, em pães, saladas, sopas e snacks.

PREPAROS ESPECIAIS COM ERVAS

Tônico de Folha de Goiaba (para fortalecer e prevenir queda de cabelo):

Ingredientes:

- 10 folhas frescas de goiabeira
- 300 ml de água filtrada

Modo de Preparo:

1. Bata as folhas com a água no liquidificador.
2. Coe e adicione ao seu xampu de preferência.
3. No banho, aplique de duas a três vezes por semana para fortalecer os fios desde a raiz.

MÁSCARA NUTRITIVA COM ABACATE

(hidratação e brilho dos fios)

Ingredientes:

- ½ abacate maduro
- 1 colher de sopa de azeite de oliva extravirgem
- 1 colher de sopa de mel puro
- 3 gotas de óleo essencial (como alecrim, lavanda ou hortelã-pimenta)

Modo de Preparo:

1. Misture até formar uma pasta cremosa.
2. Aplique nos cabelos úmidos, massageando da raiz às pontas.
3. Coloque uma touca e deixe agir por trinta minutos.
4. Depois lave com xampu e condicionador normalmente.

TÔNICO CAPILAR ANTICASPA COM ALECRIM, HORTELÃ E MELALEUCA

Ingredientes:

- 1 copo de água filtrada
- 1 colher de sopa de alecrim (fresco ou desidratado)
- 1 colher de sopa de hortelã (fresca ou desidratada)
- 5 colheres de sopa de vinagre de maçã
- 5 gotas de óleo essencial de melaleuca (*tea tree*)

Modo de Preparo:

1. Ferva a água por cinco minutos e desligue o fogo.
2. Adicione o alecrim e, logo depois, a hortelã.
3. Tampe e deixe em infusão por dez minutos.
4. Coe, espere esfriar e adicione o vinagre de maçã e o óleo essencial.
5. Transfira para um borrifador.

Modo de uso: Borrife no couro cabeludo limpo e seco, massageie suavemente e deixe agir por vinte minutos antes de lavar. Use todos os dias até a caspa desaparecer.

MÁSCARA DE ARGILA PARA RENOVAÇÃO CELULAR

Ingredientes:

- ✶ 2 colheres de sopa de argila verde ou branca
- ✶ 1 colher de chá de mel puro
- ✶ 1 colher de sopa de chá de camomila ou água filtrada
- ✶ 3 gotas de óleo essencial de lavanda ou palmarosa (opcional)

Modo de Preparo:

1. Misture a argila com o mel e vá adicionando o chá de camomila aos poucos até formar uma pasta cremosa.
2. Adicione o óleo essencial, se desejar.
3. Aplique no rosto limpo e seco, evitando a área dos olhos.
4. Deixe agir por dez a quinze minutos (não deixe secar totalmente; borrife água, se necessário).
5. Enxágue com água morna e finalize com um hidratante natural.

Benefícios:

- ✶ Estimula a renovação celular e a circulação.
- ✶ Remove impurezas, células mortas e toxinas.
- ✶ Deixa a pele mais limpa, viçosa e revitalizada.

CATAPLASMA ABDOMINAL COM ARGILA E CIPÓ-MIL-HOMENS

Ingredientes:

- 3 colheres de sopa de argila verde (para desintoxicar e desinflamar)
- 100 ml de chá morno de cipó-mil-homens (infusão leve)
- 1 colher de sopa de azeite de oliva ou óleo vegetal puro (opcional, para maior hidratação)
- 3 gotas de óleo essencial de hortelã-pimenta ou alecrim (opcional, para estimular a circulação).

Modo de Preparo:

1. Prepare o chá com uma colher de sobremesa de cipó-mil-homens seco para 100 ml de água, deixando em infusão por dez minutos. Coe e espere amornar.
2. Em um recipiente de vidro ou cerâmica, misture a argila com o chá até formar uma pasta homogênea.
3. Adicione o óleo vegetal e o óleo essencial, se desejar.
4. Aplique a pasta morna no abdômen, cobrindo a região desejada.
5. Deixe agir por vinte a trinta minutos, preferencialmente em repouso.
6. Enxágue com água morna e seque suavemente.

Benefícios:

- Auxilia na redução de inflamações intestinais e abdominais.
- Estimula o sistema linfático e digestivo, aliviando retenção de líquidos e gases.
- Favorece a eliminação de toxinas e o relaxamento da região.

BANHOS DE ERVAS

Desde tempos imemoriais, culturas antigas reconheceram o poder divino das ervas, utilizando-as para cura, proteção e fortalecimento energético. Na alquimia, as plantas são vistas como canais sagrados para a transformação espiritual, emocional e física. O banho de ervas, mais do que um simples ritual de purificação, é um processo alquímico profundo que visa equilibrar a energia interna, dissipar as forças negativas e criar um campo vibracional de harmonia e luz.

Integrar banhos de ervas em sua prática alquímica não é apenas uma questão de cura física, mas de se reconectar com as forças naturais do universo, transformando sua energia pessoal e espiritual. Cada erva carrega consigo uma essência única, capaz de se alinhar com as suas intenções mais profundas, seja para proteção, cura ou elevação da consciência.

ORIENTAÇÕES ALQUÍMICAS PARA O PRATICANTE

Ao se envolver na prática alquímica com ervas, lembre-se de que a energia das plantas é sensível à sua intenção. Por isso, é essencial criar um espaço sagrado e tranquilo, livre de distrações.

Aqui estão algumas orientações importantes:

- **Intervalo entre os banhos de ervas quentes:** Para manter o equilíbrio energético, é aconselhável aguardar pelo menos um dia entre banhos com ervas quentes. Isso permite que o corpo e o campo energético assimilem as transformações proporcionadas pelas ervas.

- **Ervas para crianças e gestantes:** Evite o uso de ervas quentes para crianças menores de sete anos e para mulheres grávidas, pois essas ervas podem ser intensas e impactar negativamente o equilíbrio energético. Opte por ervas mornas ou frias, que são mais suaves e favorecem a proteção e o equilíbrio.

CLASSIFICAÇÃO DAS ERVAS

ERVAS QUENTES

São poderosas ferramentas de descarrego e limpeza energética. Elas ajudam a dissolver bloqueios espirituais, larvas astrais, miasmas e energias densas. Seu poder é transformador, atuando diretamente na purificação do campo energético e no fortalecimento da aura. As ervas quentes são ideais para banhos de descarrego e para o aumento da energia vital.

✶ **Exemplos de ervas quentes:** Guiné, arruda, aroeira, jurema-preta, pinhão-roxo, bambu, espada-de-são-jorge, fumo, casca de alho, comigo-ninguém-pode, espada-de-santa-bárbara, eucalipto e pimentas.

ERVAS MORNAS

São mais equilibradoras e restauradoras. Ideais para reequilibrar o corpo energético, especialmente após banhos quentes ou intensos. Seu poder suave harmoniza os chacras, estabiliza as energias vitais e promove a sensação de bem-estar e proteção.

✶ **Exemplos de ervas mornas:** Sálvia, alfavaca, alfazema, cana-do-brejo, erva-de-santa-maria, manjericão, verbena, alecrim, manjerona, flor de calêndula, hortelã e pitanga.

COMO PREPARAR O BANHO DE ERVAS

Os banhos de ervas são rituais poderosos de purificação e transformação. Aqui está o guia essencial para prepará-los com eficácia e intenção.

1. **Momento da Preparação:** Os banhos de ervas quentes devem ser feitos antes de dormir, pois favorecem o descanso profundo e a liberação de energias densas. As ervas quentes ajudam a dissolver bloqueios e a criar um campo de proteção enquanto você repousa.
2. **Colhendo as Ervas:** A melhor hora para colher as ervas é de manhã cedo ou ao final da tarde, quando as plantas estão mais energizadas e com maior concentração de princípios ativos. Colete apenas o que você irá utilizar para evitar o desperdício e lembre-se de sempre tratar as ervas com respeito, como se estivesse colhendo o presente da natureza para seu próprio crescimento espiritual.
3. **Preparação das Ervas:**

✶ **Banho Fresco:** Se usar ervas frescas, lave-as em água fria e macere-as levemente com as mãos. Deixe repousar por meia hora em uma bacia. Para cada meio litro de água, utilize um punhado de ervas.

✶ **Banho Quente:** Se usar ervas secas, ferva a água e adicione as ervas. Deixe repousar por pelo menos trinta minutos para liberar todos os princípios ativos.

4. **Serenado:** Alguns banhos podem passar pela técnica do serenado, em que a mistura macerada é deixada à luz da lua ou sob o sereno da noite, absorvendo a energia cósmica antes de ser utilizada. Isso potencializa a vibração mágica do banho.
5. **Uso do Banho e Descarte das Ervas:** Coe as ervas e despeje a mistura sobre seu corpo, preferencialmente nas costas, para não irritar os olhos, o nariz ou a boca.

Após o uso, devolva as ervas à natureza, em um jardim ou local de energia positiva, para que sua carga energética seja liberada de volta à terra.

6. **Precauções:** Antes de usar as ervas, faça um teste de sensibilidade para evitar alergias. Não jogue as ervas na cabeça sem a devida orientação, pois isso pode afetar o campo energético de forma indesejada.

BANHO DE ERVAS: RITUAL DE PURIFICAÇÃO E RENOVAÇÃO

A prática alquímica com ervas é mais do que uma simples técnica de cura física: é uma jornada de transformação espiritual e energética. Ao incorporar banhos de ervas em sua rotina, você não só promove o equilíbrio do corpo, mas também ativa a sua própria alquimia interna. Cada banho, cada infusão e cada toque das ervas em sua pele é um convite à renovação, à proteção e ao despertar de sua consciência superior.

RECEITAS DE BANHOS MÁGICOS

BANHO DE AMOR E AUTOESTIMA

- **Intenção:** Atrair o amor, irradiar encanto e fortalecer a autoestima
- **Momento ideal:** Lua cheia
- **Modo de uso:** Pode ser tomado do pescoço para baixo

Ingredientes (escolha ao menos três):

- Pétalas de rosa (abre o coração para o amor)
- Canela em pau ou em pó (magnetismo e desejo)
- Lavanda (equilíbrio e delicadeza emocional)
- Pétalas de girassol (alegria, brilho pessoal e leveza)
- 1 colher de mel (doçura, nutrição afetiva)

Modo de Preparo:

1. Aqueça cerca de dois litros de água até levantar fervura.
2. Desligue o fogo e adicione um punhado de cada erva escolhida.
3. Misture com o mel e deixe a infusão repousar por quinze minutos com a panela tampada.
4. Coe, espere amornar e leve ao seu banho.
5. Após seu banho habitual, derrame lentamente essa água perfumada do pescoço para baixo, com um sorriso leve e respiração tranquila.
6. Mentalize seu campo sendo preenchido por amor, beleza e confiança.

Afirmação alquímica: "*Eu sou a origem do amor verdadeiro. Tudo em mim emana beleza, plenitude e merecimento.*"

Dica: após o banho, acenda uma vela rosa ou deixe uma pedra, como quartzo rosa, no ambiente para manter a vibração amorosa elevada.

BANHO PARA ATRAÇÃO DE PROSPERIDADE

- ✶ **Intenção:** Atrair abundância, sorte e realização material
- ✶ **Momento ideal:** Lua crescente ou lua cheia
- ✶ **Modo de uso:** Pode ser tomado do pescoço para baixo

Ingredientes (use ao menos três):

- ✧ Folhas de pitanga (expansão e alegria nos caminhos)
- ✧ Canela em pau ou pó (magnetismo e riqueza)
- ✧ Folha-da-fortuna (chamada da boa sorte)
- ✧ Folha de louro (vitória e abertura de oportunidades)
- ✧ Alecrim (clareza, ação e proteção dos bens)

Modo de Preparo:

1. Ferva dois litros de água e, ao desligar o fogo, acrescente um punhado de cada erva escolhida.
2. Tampe e deixe descansar por quinze a vinte minutos, permitindo que a força vegetal desperte.
3. Coe e leve ao banho.
4. Após o banho higiênico, derrame lentamente a infusão do pescoço para baixo, sentindo-se banhado pela abundância universal.

Afirmação alquímica: "A *prosperidade flui livremente em minha vida. Sou um canal da abundância do universo.*"

Dica: mentalize portas se abrindo, visualize sua vida próspera e agradeça como se já tivesse recebido. Você pode usar uma roupa dourada, verde ou amarela após o ritual para potencializar a vibração.

BANHO PARA ABERTURA DE CAMINHOS PROFISSIONAIS

- ✶ **Intenção:** Clareza mental, foco e novas oportunidades de trabalho
- ✶ **Momento ideal:** Lua crescente
- ✶ **Modo de uso:** Pode ser tomado da cabeça aos pés

Você vai precisar de (escolha três):

- ✧ Manjericão (inspiração e movimento)
- ✧ Folhas de louro (sucesso e visão profissional)
- ✧ Canela em pau ou folha (expansão e motivação)
- ✧ Cravos-da-índia (proteção e magnetismo pessoal)
- ✧ Sálvia (clareza e sabedoria para boas escolhas)

Modo de Preparo:

1. Aqueça de um a dois litros de água até levantar fervura.
2. Desligue o fogo e adicione um punhado de cada erva escolhida.
3. Tampe e deixe em infusão por cerca de dez a quinze minutos.
4. Coe e espere amornar.
5. Tome seu banho de higiene normalmente. Em seguida, despeje o banho ritual da cabeça aos pés, em silêncio ou mentalizando a seguinte afirmação alquímica.

Afirmação alquímica: *"Abro meus caminhos com clareza, foco e confiança. Meu trabalho floresce."*

Dica: Se quiser, escreva seu nome e seu objetivo profissional em um papel e coloque sob o recipiente durante a infusão para potencializar com sua energia.

BANHO PARA AFASTAR INIMIGOS

- ✶ **Intenção:** Romper laços indesejados, afastar influências negativas e proteger o campo energético
- ✶ **Momento ideal:** Lua minguante
- ✶ **Modo de uso:** Tomar do pescoço para baixo

Ingredientes (escolha pelo menos três):

- ✧ Arruda (proteção e quebra de mau-olhado)
- ✧ Aroeira (fortalecimento espiritual e defesa)
- ✧ Eucalipto (limpeza profunda e clareza)
- ✧ Guiné (corte energético e afastamento de espíritos obsessores)
- ✧ Sal grosso (purificação densa e escudo vibracional)

Modo de Preparo:

1. Ferva dois litros de água. Ao desligar o fogo, adicione um punhado de cada erva escolhida e do sal grosso.
2. Tampe o recipiente e deixe descansar por quinze minutos, permitindo que a energia das plantas se libere.
3. Coe e leve a infusão para o banho.
4. Após seu banho higiênico, derrame a mistura do pescoço para baixo, visualizando toda negatividade sendo removida.
5. Mentalize uma luz dourada ou violeta ao seu redor, selando sua aura.

Afirmação alquímica:

"Estou protegido(a) por forças divinas e nenhum mal me alcança."

Dica: Evite contato com pessoas que sugam sua energia nas horas seguintes. Descarte o restante do banho longe da natureza viva – use um ralo, vaso sanitário ou recipiente apropriado.

BANHO PARA AFASTAR ESPÍRITOS DESAGRADÁVEIS

✶ **Intenção:** Purificar o campo energético e afastar presenças espirituais indesejadas

✶ **Momento ideal:** Lua minguante

✶ **Modo de uso:** Do pescoço para baixo, preferencialmente ao entardecer

Ingredientes (escolha ao menos três):

✧ Arruda (proteção espiritual intensa)
✧ Alho (corte de energias densas e obsessores)
✧ Café (desperta e fortalece o campo de defesa)
✧ Fumo (afasta espíritos e reforça a autoridade espiritual)

- ✧ Casca de cebola (limpa camadas sutis da aura)
- ✧ Cordão-de-são-francisco (poderoso expulsor de cargas negativas)

Modo de Preparo:

1. Ferva dois litros de água e, ao apagar o fogo, adicione um punhado de cada erva escolhida.
2. Tampe e deixe repousar por quinze minutos, permitindo que as propriedades sejam ativadas.
3. Coe e leve para o banho. Após a higiene, derrame lentamente do pescoço para baixo, em silêncio e concentração.
4. Visualize uma espiral de luz branca e dourada envolvendo seu corpo, selando sua energia.

Afirmação alquímica: "*Minha luz é mais forte do que qualquer sombra. Estou rodeado(a) de proteção, paz e alegria.*"

Dica: Após o banho, evite conversas densas ou lugares tumultuados. Descarte os restos do banho em local que não agrida a natureza – como ralo, vaso sanitário ou recipiente fechado.

GUIA DE ERVAS PARA BANHOS

A

- **Alecrim (*Rosmarinus officinalis*):** Protege, purifica e revigora o campo energético. Também afasta a tristeza, fortalece a coragem e estimula a memória.
- **Alfazema / Lavanda (*Lavandula angustifolia*):** Limpa ambientes carregados e acalma a mente. Inspira sentimentos elevados, trazendo serenidade e leveza.
- **Alho (*Allium sativum*):** É um poderoso protetor espiritual e físico. Dissipa forças negativas e reforça o campo de defesa energético.
- **Amora / Amoreira (*Morus*):** Revigora corpo e mente, promovendo equilíbrio emocional. Favorece relações afetivas saudáveis.
- **Anis-estrelado (*Illicium verum*):** Atrai sorte e proteção. Estimula a intuição e auxilia na tomada de decisões em momentos difíceis.
- **Aroeira (*Schinus terebinthifolius*):** Purifica profundamente pessoas e ambientes. Dissolve mágoas antigas e fortalece o sistema energético.
- **Arruda (*Ruta graveolens*):** Afasta inveja e más influências. Traz segurança espiritual, sorte e proteção em rituais e ambientes.
- **Artemísia (*Artemisia absinthium*):** Clareia a visão espiritual e fortalece a intuição. Também favorece sonhos lúcidos e práticas de projeção astral.

B

- ✶ **Bambu (*Bambusoideae*):** Fortalece a espiritualidade e neutraliza energias densas. Ideal para banhos de descarrego e defumação.
- ✶ **Boldo / Boldo-do-chile (*Peumus boldus*):** Traz paz interior e ajuda no alívio de culpas e dores emocionais. Promove limpeza espiritual e cura ancestral.

C

- ✶ **Café (*Coffea*):** Energiza e desperta a mente. A borra pode ser usada em rituais de adivinhação e em rituais de prosperidade.
- ✶ **Camomila (*Matricaria chamomilla*):** Traz paz, amor próprio e relaxamento. Ajuda a adormecer preocupações e favorece sonhos agradáveis.
- ✶ **Canela / Canela em pau (*Cinnamomum verum*):** Estimula o amor, o sucesso e a vitalidade. Também fortalece rituais de atração e magnetismo pessoal.
- ✶ **Cana-do-brejo (*Costus spicatus*):** Facilita a limpeza espiritual e emocional. Também auxilia em processos de renovação e novos inícios.
- ✶ **Capim-limão (*Cymbopogon citratus*):** Acalma ansiedades e dissolve tensões. Traz clareza emocional e leveza ao ambiente. Alivia dores de cabeça e problemas digestivos.
- ✶ **Cebola (*Allium cepa*):** Absorve energias negativas e promove limpeza sutil. É excelente para neutralizar influências espirituais pesadas.

* **Cítricos (*Citrus spp.*):** Promovem alegria, vitalidade e energia renovada. Suas cascas são ótimas em banhos e defumações solares.
* **Clitória (*Clitoria ternatea*):** Suas flores trazem expansão da consciência, ativam a intuição e purificam o campo energético. Esse banho promove equilíbrio emocional, elevação espiritual e abertura do terceiro olho, além de suavizar pensamentos ansiosos e fortalecer a proteção energética.
* **Cravo-da-índia (*Syzygium aromaticum*):** Traz força espiritual, afasta inveja e favorece o amor. Eleva a autoestima e purifica o campo energético.

D

* **Dente-de-leão (*Taraxacum officinale*):** Estimula a coragem, a leveza e o desapego. Excelente para momentos de renovação e libertação.

E

* **Erva-cidreira (*Melissa officinalis*):** Calmante natural, traz proteção espiritual e bem-estar. Ideal para momentos de transição emocional.
* **Erva-doce ou funcho (*Foeniculum vulgare*):** Atrai prosperidade e serenidade. Traz doçura aos relacionamentos e clareza aos pensamentos.
* **Espada-de-santa-bárbara (*Dracaena trifasciata*):** Protege contra ataques espirituais. Fortalece a fé e limpa o ambiente de energias hostis.

* **Espada-de-são-jorge (*Dracaena trifasciata*):** É uma poderosa guardiã contra energias negativas. Estimula firmeza e equilíbrio nos lares.
* **Espinheira-santa (*Maytenus ilicifolia*):** Protege e purifica o corpo e a alma. Auxilia em momentos de decisões importantes com clareza.

F

* **Folha da fortuna (Kalanchoe pinnata):** Atrai prosperidade e abundância para o lar. Potencializa a materialização de intenções positivas.

G

* **Gengibre (*Zingiber officinale*):** Aumenta a energia vital e a determinação. Excelente para iniciar novos ciclos com força e entusiasmo.
* **Ginkgo biloba (*Ginkgo biloba*):** Melhora a clareza mental e protege contra confusões energéticas. Estimula a longevidade espiritual.
* **Girassol (*Helianthus annuus*):** Traz alegria, otimismo e calor ao espírito. Suas sementes atraem prosperidade e felicidade.
* **Guiné / Tipi (*Petiveria alliacea*):** É usada para descarrego e proteção intensa. Dissolve cargas espirituais e fortalece a expressão pessoal.

H

* **Hibisco (*Hibiscus sabdariffa*):** Promove amor, beleza e autoestima. Excelente para abrir o coração e despertar o magnetismo pessoal.
* **Hortelã (*Mentha spp.*):** Renova as forças e dissolve bloqueios emocionais. Ideal para banhos de abertura de caminhos e coragem.

J

* **Jasmim (*Jasminum spp.*):** Estimula o amor espiritual e a serenidade. Também eleva a frequência energética do ambiente.
* **Jurema-preta (*Mimosa tenuiflora*):** Conecta com planos espirituais superiores. Usada em cerimônias e proteção ancestral profunda.

L

* **Laranja / Laranjeira (*Citrus sinensis*):** Afrodisíaca, leve e alegre. Auxilia na liberação de tristezas antigas e na harmonização do ambiente.
* **Limão (*Citrus limon*):** Purifica o campo emocional e mental. Também atrai leveza, saúde e bons pensamentos.
* **Louro (*Laurus nobilis*):** Traz sabedoria, proteção e abertura de caminhos. Usado em rituais de prosperidade e clareza.

M

- **Maçã (*Malus domestica*):** Símbolo do amor e da beleza interior. Suas cascas são usadas em rituais de encantamento e harmonia.
- **Malva (*Malva sylvestris*):** Acalma tensões, restaura vínculos afetivos e promove paz. Excelente para banhos suaves de harmonia.
- **Mangueira (*Mangifera indica*):** Purifica o campo áurico e fortalece a comunicação. Dissolve inveja e energias bloqueadoras.
- **Manjericão (*Ocimum basilicum*):** Afasta o desânimo, atrai amor e prosperidade. Usado em saquinhos mágicos, banhos e defumações.
- **Maracujá (*Passiflora edulis*):** Calmante natural, ideal para promover paz. Também fortalece os laços familiares e o sono tranquilo.
- **Mirra (*Commiphora myrrha*):** Eleva a espiritualidade, protege e cura. Essencial em incensos sagrados e rituais de consagração.

N

- **Noz-moscada (*Myristica fragrans*):** Fortalece a mente, atrai prosperidade e amor. Purifica o campo vibracional e favorece decisões.

O

* **Orégano (*Origanum vulgare*):** Traz amor, saúde e força interior. Também atua como escudo contra energias invasivas.

P

* **Pimentas (*Capsicum spp.*):** Aumentam a coragem e dissipam a negatividade. Usadas em rituais de força, proteção e corte energético.
* **Pinho (*Pinus spp.*):** Limpa profundamente o campo espiritual. Suas resinas e seus aromas trazem força e renovação.
* **Pinhão-roxo (*Jatropha curcas*):** Usado em banhos fortes de limpeza. Dissolve padrões energéticos densos e fortalece a proteção.
* **Pitangueira (*Eugenia uniflora*):** Atrai amor, fertilidade e prosperidade. Suas folhas são ótimas para banhos de abertura emocional.
* **Pixurim (*Licaria puchury-major*):** Purifica o campo espiritual e protege contra influências ocultas. Muito usado em defumações fortes.

R

* **Romã (*Punica granatum*):** Fertilidade, amor e abundância. Suas sementes são símbolos de poder feminino e renovação.

* **Rosa / Rosa-mosqueta (*Rosa spp.*):** Desperta o amor incondicional e a cura emocional. Suas pétalas purificam e harmonizam os sentimentos.

S

* **Sálvia (*Salvia officinalis*):** Limpa, protege e traz sabedoria. Ideal para momentos de renovação e abertura de caminhos.

* **Sabugueiro (*Sambucus nigra*):** Calmante, protetor e estimulante da confiança. Excelente para momentos de escolha e mudança.

* **Samambaia (*Nephrolepis exaltata*):** Protege lares e ambientes sagrados. Dissolve cargas densas e traz estabilidade espiritual.

T

* **Tomilho (*Thymus vulgaris*):** Traz força espiritual e proteção. Purifica o ambiente e inspira coragem e decisão.
* **Tormentilha (*Potentilla erecta*):** Protetora e equilibradora. Excelente em banhos e defumações para quebrar demandas espirituais.
* **Trevo (*Trifolium spp.*):** Símbolo universal de sorte e proteção. Usado para atrair boas oportunidades e abrir caminhos.

V

* **Valeriana (*Valeriana officinalis*):** Promove relaxamento profundo e paz. Auxilia no sono e na liberação de tensões emocionais.
* **Verbena (*Verbena officinalis*):** Atrai amor, serenidade e proteção. Excelente para rituais de harmonia e leveza nas relações.

ESCALDA PÉS: RITUAL DE RENOVAÇÃO

Imerso na ancestralidade, o escalda-pés é um ritual de autocuidado que une corpo e alma. A água morna com sais, ervas, argilas e óleos essenciais ativa efeitos físicos, mentais e energéticos. Essa prática milenar promove relaxamento profundo, regeneração da mente e purificação vibracional. Ao combinar ingredientes naturais com intenção, restabelece a vitalidade e harmoniza o ser.

Benefícios principais:

- ✶ **Relaxamento físico:** alivia cansaço, dores, inchaços e tensões musculares.
- ✶ **Melhora da circulação:** ativa o fluxo sanguíneo e traz leveza aos pés.
- ✶ **Qualidade do sono e equilíbrio emocional:** reduz a ansiedade e promove bem-estar.
- ✶ **Cuidados com a pele:** os ingredientes naturais hidratam, suavizam e regeneram.
- ✶ **Limpeza energética:** harmoniza o campo emocional e promove aterramento.

Como preparar:

1. Encha uma bacia com água morna a quente (entre 36 °C e 42 °C).
2. Adicione sais, ervas, argila ou óleos essenciais. (A mistura pode ser fracionada para mais de um uso.)
3. Mergulhe os pés até a altura dos tornozelos por 15 a 20 minutos, em ambiente tranquilo.
4. Ao final, seque bem e, se desejar, realize uma automassagem.

Exemplos de combinações de ervas:

- **Energia:** alecrim + capim-limão + cipreste + argila verde – detox e estímulo da circulação.
- **Relaxamento:** lavanda + calêndula – calmante, anti-inflamatório e sonífero natural.
- **Harmonia:** pétalas de rosas + lavanda – equilíbrio emocional e hidratação da pele.

Frequência sugerida: Idealmente, 1 vez por semana ou sempre que sentir cansaço, insônia ou necessidade de realinhamento emocional.

Contraindicações: Evite o uso em casos de feridas abertas, neuropatias ou distúrbios de pressão arterial, sem orientação profissional.

O PODER DO ANIL: LIMPEZA ESPIRITUAL

O anil é um corante natural de coloração azul profunda, tradicionalmente extraído de plantas como a anileira (*Indigofera tinctoria*). Ao longo da história, foi amplamente utilizado para tingir tecidos, especialmente o algodão, conferindo uma tonalidade viva e duradoura.

Mais do que um simples pigmento, o anil carrega uma força espiritual ancestral. Popularmente reconhecido por seu uso na limpeza doméstica, ele transcende o plano físico e atua no campo sutil da energia, sendo reverenciado como um poderoso agente de purificação. Seu tom azul evoca o céu noturno, o silêncio dos mistérios e a presença protetora das forças espirituais elevadas.

Nas práticas alquímicas e espirituais, o anil é amplamente utilizado em benzimentos, banhos, rituais e defumações para promover descarrego energético, fortalecer campos de proteção e limpar ambientes de cargas densas. Ele é, assim, um elo entre a tradição popular e a sabedoria sagrada da natureza.

AVISO

O anil é uma substância potente. Não deve ser ingerido nem usado sobre feridas abertas. Evite o contato direto com olhos e mucosas. Lembre-se: o poder do anil está na intenção e na conexão espiritual que você estabelece ao utilizá-lo com fé e respeito.

Trabalhar com o anil é mais do que um simples ato de limpeza: é uma consagração. É abrir espaço para a luz, permitindo que a alma respire e que as forças elevadas se façam presentes. Ao usá-lo, você não apenas limpa, como também transforma, cura e consagra o espaço sagrado que é o seu corpo, sua casa e sua jornada.

QUANDO USAR O ANIL

Sempre que sentir:

- ✶ Cansaço espiritual sem motivo aparente.
- ✶ Ambientes pesados ou carregados.
- ✶ Incômodos após visitas, discussões ou eventos tumultuados.
- ✶ Pesadelos, insônia ou sensação de presença espiritual indesejada.
- ✶ Desejo de restaurar a energia da casa, do corpo ou de objetos mágicos.

FORMAS DE USO ALQUÍMICO E ESPIRITUAL

1. Banho de Anil para Descarrego

- ✶ Em um balde com dois litros de água, dissolva uma colher de sopa de anil (em pedra ou em pó).
- ✶ Deixe descansar por alguns minutos e, após o banho higiênico, jogue do pescoço para baixo, mentalizando toda energia negativa indo embora pelo ralo.
- ✶ Em seguida, vista roupas claras e descanse em silêncio por alguns minutos. Pode acender uma vela branca e fazer uma oração de proteção.

2. Limpeza de Ambientes com Anil

- ✶ Misture um pouco de anil com água em um balde e use essa solução para passar pano no chão da casa, especialmente em entradas, corredores e quartos.
- ✶ **Enquanto limpa, repita um mantra ou decreto, como:** "*Que esta casa seja abençoada e purificada. Que toda energia negativa seja dissolvida e a luz da paz reine neste lar.*"

3. Bacia com Anil sob a Cama

- Para quem sente alguma presença espiritual à noite ou sofre com pesadelos constantes, uma prática antiga é colocar uma bacia com água e anil debaixo da cama.
- A água absorve as energias do ambiente e o anil atua como um transmutador energético. No dia seguinte, jogue a água fora em água corrente ou no ralo, com gratidão.

4. Anil em Rituais de Proteção

- Pode-se usar anil diluído para ungir objetos sagrados, ferramentas mágicas ou mesmo as portas da casa. Com um pano limpo, passe um pouco da mistura sobre os batentes, visualizando um campo azul de proteção vibrando ao redor do lar.
- É possível traçar um círculo mágico no chão (com uma vassoura ou com os dedos molhados na água de anil) ao redor de você antes de realizar orações, mantras ou rituais, criando um campo de segurança espiritual.

RITUAL PARA REPELIR ENERGIAS NEGATIVAS DE PESSOAS E CASAS

Ingredientes:

- 1 copo de vidro transparente (uso exclusivo para este ritual)
- Água filtrada (encher 3/4 do copo)
- 3 pedaços de carvão vegetal (de preferência natural, sem aditivos químicos)
- 1 punhado de sal grosso (potencializador da limpeza e da proteção)

Modo de Fazer:

1. Encha o copo de vidro com água e adicione o sal grosso.
2. Coloque dentro do copo os pedaços de carvão, mentalizando que eles estão absorvendo toda a energia negativa, inveja, olho gordo, mau-olhado e qualquer vibração densa que tente se instalar no ambiente.
3. Coloque este copo na entrada da casa, atrás da porta ou próximo à porta principal, pois é o local por onde as energias entram e saem.

Como Funciona:

✶ O carvão atua como filtro energético, sugando e absorvendo cargas negativas.

✶ A água funciona como elemento de purificação e transmutação.

✶ O sal grosso quebra, limpa e cria um campo de proteção vibracional.

Sinais de Energia Negativa:

✶ Se o carvão afundar, é sinal de que absorveu carga pesada.

✶ Se a água ficar turva, criar bolhas, manchas ou cheiro estranho, é sinal claro de que está transmutando energias negativas no ambiente.

Quando Trocar e Como Descartar:

- ✶ Troque o copo a cada sete dias – ou antes, caso perceba sinais de que ele já cumpriu sua função (carvão afundado, água suja ou turva).
- ✶ Descarte a água com o carvão e o sal em água corrente (pia, ralo ou banheiro), mentalizando que todo o peso vai embora, levado pelas águas.
- ✶ Lave bem o copo com sal e vinagre antes de preparar novamente.

POTENCIALIZE COM INTENÇÃO:

Ao posicionar o copo, respire fundo, feche os olhos e declare em voz alta ou mentalmente:

"Que toda energia negativa, inveja, maldade ou desequilíbrio aqui não permaneça. Este espaço é protegido, purificado e abençoado. Que a paz, o amor e a luz habitem este lar. Assim é, assim será."

DICAS EXTRAS:

- ✶ Você pode reforçar este ritual com uma vela branca acesa e um incenso de lavanda, mirra ou alecrim.
- ✶ Para harmonização após a limpeza, coloque ao lado do copo um vaso com alecrim, arruda ou lavanda, trazendo equilíbrio, alegria e proteção contínua.

BÁLSAMOS E PERFUMES

A osmologia é o estudo dos aromas e de sua influência sobre o ser humano – não apenas nos aspectos físicos, mas também nos campos emocionais, psíquicos e espirituais. No caminho da alquimia ancestral, ela é reconhecida como uma das formas mais sutis e poderosas de cura vibracional.

Mais do que fragrâncias agradáveis, os aromas são mensageiros invisíveis. Ao entrarem pelas narinas, ativam memórias, emoções, sensações e até estados de consciência alterada. São chaves etéreas que abrem portais da alma, limpam padrões densos, despertam lembranças adormecidas e selam espaços com proteção ou encantamento.

Perfumes e bálsamos alquímicos não são apenas fragrâncias – são portais aromáticos que ativam memórias, sentimentos e estados vibracionais específicos. Cada gota carrega uma assinatura energética, capaz de despertar a espiritualidade, proteger o campo áurico, curar emoções, atrair amor ou elevar a consciência.

Ao preparar um bálsamo ou perfume, o alquimista planta uma intenção no líquido – e essa intenção, unida à energia da planta, torna-se um elixir mágico para ser usado no corpo, nos rituais e nos ambientes.

Você já sentiu um cheiro que o fez lembrar de algo ou alguém? Como se fizesse uma viagem no tempo?

COMO FAZER SEUS BÁLSAMOS E PERFUMES

PERFUME ALQUÍMICO EM BASE ALCOÓLICA

(spray ou roll-on)

Ingredientes:

- 30 ml de álcool de cereais (ou vodca orgânica)
- 10 a 15 gotas de óleos essenciais à sua escolha
- 5 ml de água destilada ou floral (opcional)
- Frasco escuro de vidro com borrifador ou roll-on
- Um cristal pequeno (opcional, para ativação energética)

Modo de Preparo:

1. Coloque o álcool no frasco e adicione os óleos essenciais.
2. Agite suavemente em movimentos circulares, energizando com sua intenção.
3. Adicione a água ou o floral se desejar suavizar a mistura.
4. Deixe repousar por 24 a 72 horas antes do uso para maturação. Quanto mais você deixar em repouso, mais apurado irá ficar.
5. Consagre com uma oração, afirmação ou sob a luz da lua.

BÁLSAMO AROMÁTICO EM BASE OLEOSA

(unguento de perfume)

Ingredientes:

- ✶ 2 colheres de sopa de óleo de jojoba, óleo de coco fracionado ou de amêndoas doces
- ✶ 1 colher de chá de cera de abelha (ou vegetal, como a cera de candelila e cera de carnaúba)
- ✶ 15 gotas de óleos essenciais
- ✶ Frasco pequeno de vidro com tampa

Modo de Preparo:

1. Derreta a cera com o óleo em banho-maria.
2. Retire do fogo e adicione os óleos essenciais com intenção. É importante que o óleo não esteja muito quente, pois o óleo essencial é muito volátil e pode acabar evaporando antes mesmo de finalizar a receita.
3. Misture bem e despeje em frascos pequenos.
4. Deixe esfriar completamente antes de tampar.
5. Use para ungir pontos de pulso, coração e chacras ou em rituais mágicos.

Formas de Uso e Consagração

- ✶ Antes da meditação ou oração, para elevar a frequência.
- ✶ Como ritual de autoamor, aplicando nos pontos de pulso com uma intenção clara.
- ✶ Para proteção energética, passando nas têmporas, na nuca ou atrás das orelhas.
- ✶ Nos ambientes, borrifando em altares, lençóis, portas ou travesseiros.
- ✶ Durante ciclos lunares, potencializando a força do perfume conforme o arquétipo da lua.

PERFUMES ALQUÍMICOS

No caminho da alquimia ancestral, os perfumes não são meras fragrâncias - são elixires sagrados que guardam a memória vibracional das plantas. Cada essência atua como uma chave espiritual, um portal aromático que pode curar emoções, proteger o campo áurico, atrair amor, restaurar a vitalidade ou expandir a consciência. A seguir, apresento algumas opções, mas você pode criar livremente, escolhendo as ervas e os aromas que ressoem com sua intenção.

PURIFICAÇÃO & PROTEÇÃO

Essências que limpam o campo áurico, dissolvem miasmas, afastam energias densas e criam um escudo vibracional protetor.

- **Alecrim** (Rosmarinus officinalis) - Clareza mental, proteção, purificação.
  Uso: Estimula o foco e protege o campo energético.
- **Benjoim** (Styrax benzoin) - Proteção, purificação e conforto.
  Uso: Incensos para criar ambientes seguros.
- **Cipreste** (Cupressus sempervirens) - Transição, proteção ancestral.
  Uso: Rituais de luto e reconexão com os ancestrais.
- **Copaíba** (Copaifera langsdorffii) - Cura, proteção, purificação.
  Uso: Limpeza energética e cuidados com a pele.
- **Cravo** (Syzygium aromaticum) - Proteção, firmeza, magnetismo.
  Uso: Afasta negatividade e fortalece a vontade.
- **Eucalipto** (Eucalyptus globulus) - Purificação, proteção, saúde.
  Uso: Limpeza energética e fortalecimento físico.
- **Manjericão** (Ocimum basilicum) - Proteção, prosperidade.
  Uso: Fortalece o campo áurico e atrai boas oportunidades.

* **Mirra** (Commiphora myrrha) – Espiritualidade, proteção, cura.
Uso: Rituais de purificação e elevação espiritual.

* **Olíbano** (Boswellia carterii) – Conexão espiritual, purificação, proteção.
Uso: Meditação, consagrações e expansão espiritual.

* **Sálvia** (Salvia officinalis) – Elevação, limpeza, corte energético.
Uso: Dissipa cargas espirituais em ambientes e pessoas.

* **Tolú** (Myroxylon balsamum) – Purificação, proteção, atratividade.
Uso: Atrai boas energias e abre caminhos.

AMOR & ATRAÇÃO

Essências que despertam o amor-próprio, o magnetismo pessoal, a sensualidade e a doçura nos relacionamentos.

* **Baunilha** (Vanilla planifolia) – Aconchego, feminilidade, doçura.
Uso: Bem-estar emocional e atração amorosa.

* **Cacau** (Theobroma cacao) – Alegria, abertura do coração.
Uso: Cura afetiva e vínculos doces.

* **Canela** (Cinnamomum verum) – Ação, prosperidade, vitalidade.
Uso: Perfumes estimulantes e encantamentos amorosos.

* **Gerânio** (Pelargonium graveolens) – Equilíbrio emocional, amor-próprio.
Uso: Estabilidade hormonal e reconexão com o corpo.

* **Hibisco** (Hibiscus sabdariffa) – Amor, sensualidade, renovação emocional.
Uso: Rituais de paixão e autoestima.

* **Jasmim** (Jasminum grandiflorum) – Magnetismo, amor, intuição.
Uso: Elevação da beleza e poder interior.

* **Patchouli** (Pogostemon cablin) – Terra, atração, sensualidade.
  Uso: Enraizamento e magnetismo sexual.

* **Rosa** (Rosa damascena) – Amor, beleza, atração.
  Uso: Encantamentos amorosos e autovalorização.

* **Ylang-ylang** (Cananga odorata) – Amor, alegria, sensualidade.
  Uso: Perfumes para sedução e felicidade.

ESPIRITUALIDADE & MEDITAÇÃO

Perfumes que despertam o sagrado, facilitam estados meditativos e consagram o corpo como templo.

* **Cedro** (Cedrus atlantica) – Proteção, firmeza espiritual.
  Uso: Fortalecimento interior em momentos de introspecção.

* **Lavanda** (Lavandula angustifolia) – Calma, purificação, proteção.
  Uso: Eleva a vibração e acalma a mente.

* **Nardo** (Nardostachys jatamansi) – Elevação espiritual, consagração.
  Uso: Contato com o divino, unções sagradas.

* **Neroli** (Citrus aurantium amara) – Cura emocional, leveza, alegria.
  Uso: Cura de traumas e reconexão com a essência.

* **Olíbano** (Boswellia carterii) – Limpeza de ambiente, meditação e conexão espiritual.
  Uso: meditação profunda e proteção energética.

- ✶ **Sândalo** (Santalum album) – Espiritualidade, proteção, tranquilidade.
  Uso: Meditações, rituais e conexão com o Eu Superior.
- ✶ **Verbena** (Verbena officinalis) – Inspiração, limpeza mental.
  Uso: Favorece visões e criatividade espiritual.

VITALIDADE & CLAREZA

Aromas que estimulam, despertam a mente e trazem energia ao corpo sutil.

- ✶ **Camomila** (Matricaria chamomilla) – Paz, relaxamento, amor.
  Uso: Calmante emocional e tranquilizante espiritual.
- ✶ **Jatobá** (Hymenaea courbaril) – Proteção, força espiritual.
  Uso: Fortalecimento da aura e persistência nos caminhos.
- ✶ **Louro** (Laurus nobilis) – Vitória, coragem, reconhecimento.
  Uso: Rituais de sucesso e afirmação pessoal.
- ✶ **Menta** (Mentha) – Energização, frescor, purificação.
  Uso: Elevação energética e clareza imediata.
- ✶ **Vetiver** (Vetiveria zizanioides) – Ancoramento, força, equilíbrio.
  Uso: Acalma ansiedades e fortalece a raiz interior.

INCENSOS

Os incensos são compostos aromáticos naturais que, ao serem queimados, liberam fumaça perfumada carregada de propriedades energéticas. Podem ser encontrados em diversas formas: bastões, cones, pós, grânulos, resinas ou misturas soltas. Tradicionalmente, são preparados com resinas sagradas, flores secas, ervas, especiarias e óleos essenciais.

Cada elemento escolhido na composição de um incenso carrega uma intenção alquímica e uma vibração específica – seja para cura, proteção, inspiração, consagração, abertura de caminhos ou elevação espiritual.

Desde os tempos mais antigos, a humanidade reconhece na fumaça perfumada dos incensos um elo sagrado entre o mundo visível e o invisível. Em templos, rituais xamânicos, altares domésticos ou práticas de meditação, o incenso sempre esteve presente como uma oferenda aromática, um canal de comunicação com o divino e um instrumento de transmutação energética.

Na alquimia espiritual, os incensos não são apenas fragrâncias – são invocações. Eles purificam o espaço, elevam a vibração e potencializam as intenções do praticante. Ao serem queimados, liberam essências que dialogam com os planos sutis, guiando nossas preces, nossos mantras e nossos desejos por meio da fumaça ascendente.

PRINCIPAIS FORMAS DE USO

1. **Purificação de Ambientes**
   Queimar incenso antes de um ritual, estudo ou meditação limpa o campo vibracional do espaço e remove cargas densas. Ideal para iniciar práticas espirituais ou renovar a energia do lar.
2. **Foco e Intenção**
   Escolha um incenso específico conforme o propósito do momento. Enquanto a fumaça sobe, mentalize sua intenção. A fragrância ajuda a manter o foco e serve como um veículo sutil que leva seu pedido ao Universo.
3. **Meditação e Introspecção**
   Acalmar a mente com aromas suaves favorece estados meditativos. Incensos de lavanda, olíbano ou sândalo criam uma atmosfera de recolhimento e conexão interior.
4. **Rituais e Cerimônias**
   Em trabalhos mágicos, o incenso atua como um consagrador do espaço, amplificando a energia do ritual. Cada aroma reforça uma frequência mágica e sustenta a força do campo energético durante a prática.

PROPRIEDADES VIBRACIONAIS

Aqui estão algumas das essências mais utilizadas e suas atribuições alquímicas:

- ✶ Benjoim – Calmante, acolhimento, segurança vibracional.
- ✶ Camomila – Paz interior, sono restaurador, equilíbrio emocional.
- ✶ Canela – Estímulo, poder pessoal, magnetismo.
- ✶ Cedro – Força interior, coragem, firmeza espiritual.
- ✶ Lavanda – Tranquilidade, relaxamento, limpeza emocional.
- ✶ Mirra – Cura emocional, proteção, estabilidade energética.
- ✶ Olíbano (Frankincense) – Meditação, conexão com o divino, expansão espiritual.
- ✶ Palo santo – Purificação, abertura de caminhos, elevação da vibração.
- ✶ Patchouli – Enraizamento, sensualidade, conexão com a terra.
- ✶ Rosa – Amor, atração, suavidade energética.
- ✶ Sálvia branca – Purificação profunda, proteção espiritual, expulsão de miasmas.

COMO USAR COM SEGURANÇA E RESPEITO

- ✶ **Escolha com Consciência**
  Dê preferência a incensos naturais, artesanais ou de origem confiável. Evite produtos com fragrâncias sintéticas ou derivados químicos.
- ✶ **Use Suportes Adequados**
  Sempre queime incensos sobre suportes apropriados, longe de tecidos ou materiais inflamáveis.

- **Ambiente Ventilado**
  Garanta boa circulação de ar para que a fumaça se disperse de maneira suave. Evite excesso de fumaça em locais fechados.

- **Consagre o Incenso**
  Antes de acendê-lo, segure o incenso com as mãos em prece e declare sua intenção.

O INCENSO COMO OFERENDA

Acender um incenso é também um ato de gratidão e reverência. A fumaça que se eleva ao céu é como um canto invisível, uma prece sem palavras que se dissolve no éter. Ao queimar um incenso, você está oferecendo à vida uma parte da beleza que existe no mundo vegetal – e essa beleza retorna a você em forma de bênçãos sutis.

COMO FAZER INCENSO NATURAL

(receita com alecrim)

Criar seu próprio incenso é um ato alquímico de conexão com a natureza, de cuidado com o ambiente e de alinhamento energético com suas intenções. O alecrim, conhecido por sua capacidade de purificação, clareza mental e proteção, é uma das ervas mais versáteis e poderosas para esse propósito.

Aqui está um passo a passo para preparar um incenso artesanal de alecrim, ideal para momentos de foco, meditação ou limpeza energética do ambiente:

Materiais Necessários:

- **Alecrim seco:** Folhas e flores são bem-vindas.
- **Pó de madeira:** Como pó de sândalo ou outro pó de madeira natural, para auxiliar na queima.
- **Goma arábica:** Aglutinante natural que une os ingredientes.

* **Água:** Para formar a massa de incenso.
* **Óleo essencial de alecrim (opcional):** Intensifica o aroma e o poder vibracional.
* Varetas de bambu ou moldes para cones de incenso.

Modo de Preparo:

1. **Triture o alecrim:** Use um pilão, moedor de grãos ou liquidificador para transformar o alecrim seco em pó fino, liberando seu aroma e suas propriedades.
2. **Misture os ingredientes secos:** Combine o pó de alecrim com o pó de madeira na proporção de duas partes de alecrim para uma parte de madeira.
3. **Prepare a goma arábica:** Dissolva uma pequena quantidade de goma em água morna até obter uma pasta espessa.
4. **Forme a massa:** Misture a goma com os ingredientes secos até criar uma massa homogênea e maleável. Se necessário, ajuste a consistência com pequenas gotas de água.
5. **Adicione o óleo essencial (opcional):** Pingue de três a cinco gotas de óleo essencial de alecrim para intensificar o perfume e as propriedades vibracionais.
6. **Modele seus incensos:** Para varetas, envolva a massa ao redor das varetas de bambu de forma uniforme. Para cones, molde pequenos triângulos com as mãos, com base plana e topo afilado.
7. **Deixe secar naturalmente:** Coloque os incensos em um local seco, arejado e à sombra por três a sete dias, até que estejam completamente firmes e secos ao toque.
8. **Armazene com cuidado:** Guarde os incensos prontos em um recipiente hermético, longe da umidade, para preservar o aroma e a potência energética.

Dica Alquímica

Você pode substituir o alecrim por outras ervas. conforme sua intenção:

- ✶ Canela para prosperidade e energia.
- ✶ Lavanda para acalmar e dormir melhor.
- ✶ Olíbano ou mirra para conexão espiritual.
- ✶ Patchouli para atrair amor e magnetismo.
- ✶ Sálvia para purificação profunda.

Cada erva carrega uma assinatura energética única. Ao criar seus incensos, sintonize com a vibração da planta e com aquilo que você deseja transformar ou atrair.

RESINAS

As resinas são substâncias aromáticas e orgânicas que brotam da casca de determinadas árvores como se fossem lágrimas cristalinas da própria natureza. Elas surgem como um mecanismo natural de proteção das árvores, selando feridas e expulsando agentes nocivos. Ao se solidificarem em contato com o ar, se transformam em pequenos cristais dourados, âmbar ou escuros – verdadeiros bálsamos sagrados que concentram a força, a memória e a alma da floresta.

Mais do que simples extratos vegetais, as resinas são a própria essência condensada da árvore. Guardam o espírito do vegetal, o sopro da terra e a sabedoria dos ciclos. Carregam, em sua estrutura, a alquimia da natureza: proteção, cura, conexão e transformação.

Na magia natural e nos rituais ancestrais, queimar resinas é um ato de profunda reverência. Ao serem aquecidas sobre o carvão em brasa, liberam uma fumaça densa, perfumada e espiritualizante, capaz de purificar ambientes, elevar as vibrações e abrir portais entre os mundos visível e invisível.

A defumação com resinas é um dos ritos mais antigos da humanidade. É acender o fogo sagrado da transformação, invocar os ventos do mistério, dissolver energias densas e consagrar espaços, objetos e corpos como templos vivos da espiritualidade.

Utilizar resinas é trazer para o presente a memória dos antigos, das sacerdotisas, dos magos e dos povos que, desde tempos imemoriais, dialogavam com a natureza para curar, proteger, abençoar e manifestar intenções.

As resinas podem ser usadas para:

- Criar uma atmosfera sagrada e proteger o campo espiritual.
- Purificar ambientes, objetos e a própria aura.
- Estimular estados meditativos, de oração e de visão espiritual.
- Fortalecer rituais, encantamentos e pedidos de bênçãos.
- Manifestar intenções e elevar preces ao plano sutil.

Quando a fumaça sobe, sobe também nossa voz, nossa intenção, nossa prece. E que ela se eleve como oferenda de luz, atravessando os véus e levando consigo nossa gratidão, nosso propósito e nossa conexão com o divino.

FORMAS DE USO MÁGICO

- **Defumação Ritual:** Coloque a resina sobre carvão vegetal aceso, dentro de um incensário seguro. Ideal para abrir rituais, limpar a casa ou fortalecer o campo energético.
- **Misturas Alquímicas:** Crie suas próprias combinações – por exemplo, *olíbano + mirra* para elevação e introspecção; *benjoim + estoraque* para amor e cura emocional.
- **Amuletos e Saquinhos:** Fragmentos de resina podem ser colocados em saquinhos de tecido, junto a ervas e cristais, para proteção ou atração.
- **Banhos de Defumação:** Infusione resinas em água quente ou álcool e adicione à água de banho, especialmente após momentos de desgaste energético.

INDICAÇÕES DE RESINAS PARA ALQUIMIA

- **Benjoim (*Styrax benzoin*):** Conforto, acolhimento e cura emocional. Seu aroma suave envolve o coração como um manto de serenidade, trazendo harmonia aos ambientes e favorecendo estados de paz interior.
- **Breu-branco (*Protium heptaphyllum*):** Também conhecido como *amescla* ou *almécega*, é uma resina sagrada da tradição amazônica. Seu perfume fresco e protetor eleva a vibração do ambiente, facilitando processos de purificação profunda, ancoramento energético e abertura espiritual. Quando queimado em defumações, desperta a presença dos guias e favorece a clareza da alma.
- **Copaíba (*Copaifera langsdorffii*):** Cura física e espiritual, proteção e regeneração.Utilizada em defumações e unguentos, atua como bálsamo para o corpo e o espírito, sendo considerada uma aliada da medicina da floresta e da força de cura ancestral.

- **Estoraque (*Liquidambar orientalis*):** Amor, sedução e abertura do coração. Com aroma adocicado e envolvente, é ideal para rituais voltados ao afeto, à sensibilidade e à conexão amorosa, ativando o chacra cardíaco e suavizando bloqueios emocionais.

- **Mirra (*Commiphora myrrha*):** Proteção, cura ancestral e introspecção. Símbolo de sabedoria e reverência, fortalece o campo espiritual e aprofunda a conexão com os mistérios da alma, sendo usada desde os tempos bíblicos em rituais de consagração e recolhimento.

- **Olíbano (*Boswellia sacra / Frankincense*):** Purificação, elevação espiritual e clareza. Sagrado por excelência, é utilizado em meditações, bênçãos e consagrações, abrindo caminhos para a luz, a consciência e a presença divina.

- **Palo santo (*Bursera graveolens*):** Embora mais conhecido em sua forma de madeira, também é encontrado em resina. Promove limpeza energética, elevação espiritual e conexão com planos sutis. Ideal para reequilibrar emoções e favorecer o diálogo com os guias e guardiões espirituais.

- **Pinho (*Pinus spp.*) – Resina de Pinheiro:** Renovação, proteção e limpeza energética. Com forte poder de purificação, dissolve tensões, afasta influências nocivas e renova a atmosfera espiritual de locais carregados ou em desequilíbrio.

- **Sangue-de-dragão (*Daemonorops draco*):** Banimento, poder e coragem espiritual. Intensa e vibrante, é excelente para rituais de corte energético, encerramento de ciclos e fortalecimento da vontade interior. Em sua forma líquida, também possui propriedades cicatrizantes, anti-inflamatórias e protetoras.

Cuidados Essenciais

- ✶ Prefira resinas naturais e puras, livres de compostos sintéticos.
- ✶ Use carvão vegetal de boa qualidade, com queima lenta e sem produtos químicos.
- ✶ Evite a inalação direta prolongada e sempre pratique a defumação em ambiente ventilado.
- ✶ Após o ritual, descarte os restos com reverência, devolvendo-os à terra.

RITO SIMPLES COM RESINA

◇ **Intenção:** Limpeza e consagração espiritual.

1. Escolha a resina conforme sua intenção.
2. Acenda um carvão vegetal em incensário próprio.
3. Deposite uma pitada da resina sobre o carvão.
4. Inspire com consciência e diga: "*Que esta fumaça sagrada purifique e eleve, trazendo luz, proteção e verdade para este espaço e para meu espírito.*"
5. Passe a fumaça ao redor de seu corpo e pelo ambiente, sentindo a transformação.
6. Agradeça à resina, à árvore que a ofertou, e ao Espírito da Terra.

ÓLEOS ESSENCIAIS

Os óleos essenciais são a própria alma das plantas, capturada em gotas. São extratos altamente concentrados, obtidos por meio de processos como destilação a vapor, expressão a frio ou extração com solventes naturais - métodos que preservam a pureza, a vitalidade e a potência do reino vegetal.

Cada óleo essencial carrega em si a assinatura energética da planta de origem, sua memória, sua inteligência natural e seu espírito. Quando utilizados com respeito, consciência e intenção, atuam profundamente sobre os corpos físico, emocional, energético e espiritual, promovendo equilíbrio, cura e transformação.

Na arte alquímica e na magia ancestral, os óleos essenciais são muito mais do que fragrâncias. Eles são veículos sagrados de poder, pontes entre o visível e o invisível, entre o humano e o divino.

Extraídos de flores, folhas, sementes, cascas, raízes e frutos, esses elixires naturais foram, ao longo dos séculos, utilizados em unções, rituais de cura, consagrações, bençãos e práticas espirituais. Seu perfume não apenas encanta os sentidos, mas também purifica, protege, energiza, desperta e sela intenções no campo sutil.

Quando aplicados no corpo, nas velas, nos objetos sagrados ou no ambiente, os óleos essenciais se tornam ferramentas vivas de alquimia. São capazes de transmutar energias densas, fortalecer campos vibracionais, atrair prosperidade, abrir caminhos, elevar orações e ativar estados de presença, expansão e conexão espiritual.

PROPRIEDADES MÁGICAS DOS ÓLEOS

Aqui estão alguns dos óleos mais utilizados na alquimia espiritual e seus potenciais vibracionais:

- **Alecrim**
  Propriedades: Clareza mental, foco, proteção.
  Uso: Estimula a mente, afasta a negatividade e ativa a força de realização.

- **Eucalipto**
  Propriedades: Limpeza, vigor, clareza.
  Uso: Purifica ambientes e fortalece o sistema respiratório e energético.

- **Jasmim**
  Propriedades: Sensualidade, magia, intuição.
  Uso: Atrai amor espiritual e ativa o feminino sagrado.

- **Laranja Doce**
  Propriedades: Alegria, motivação, brilho pessoal.
  Uso: Afasta a tristeza e atrai vibrações de leveza e bem-estar.

- **Lavanda**
  Propriedades: Calmante, purificadora, restauradora.
  Uso: Promove tranquilidade, limpa o campo áurico e facilita o sono profundo.

- **Patchouli**
  Propriedades: Ancoramento, magnetismo, sensualidade.
  Uso: Enraíza a energia, atrai prosperidade e fortalece o poder pessoal.

- **Rosa**
  Propriedades: Amor, beleza, reconexão emocional.
  Uso: Abre o coração, atrai amor verdadeiro e cura mágoas antigas.

- **Sândalo**
  Propriedades: Espiritualidade, equilíbrio, concentração.
  Uso: Utilizado em meditações e rituais de elevação espiritual.

COMO UTILIZAR OS ÓLEOS NA PRÁTICA ALQUÍMICA

1. Difusores Aromáticos

Adicione algumas gotas de óleo essencial em um difusor com água para criar um campo vibracional elevado durante meditações, orações ou momentos de introspecção. Prefira difusores próprios para esse uso, que permitam a diluição correta dos óleos, pois alguns modelos podem entupir se usados com óleos puros.

Você também pode pingar o óleo sobre a cera derretida de uma vela acesa (com cuidado e atenção) ou utilizar difusores elétricos de tomada, ideais para manter o aroma ativo de forma constante no ambiente.

2. Banhos Ritualísticos

Adicione à água do banho de três a cinco gotas de óleo essencial diluído em óleo vegetal ou leite. Isso potencializa a purificação energética e alinha os chacras com a intenção proposta.

3. Unções Mágicas

Misture os óleos essenciais com um óleo base (como óleo de coco, de amêndoas ou jojoba) e unte os pulsos, o coração, a fronte ou os objetos mágicos, como velas, cristais e amuletos.

4. Estímulo Mental e Criativo

Para estudar, criar ou canalizar, use óleos como alecrim ou laranja nos pulsos ou em um difusor para estimular a clareza e o foco.

5. Proteção Espiritual

Misture óleo de eucalipto, alecrim e lavanda e passe atrás das orelhas ou na nuca antes de sair, para proteger sua aura.

CUIDADOS ESSENCIAIS

- **Diluição:** Óleos essenciais devem sempre ser diluídos antes da aplicação direta na pele. Utilize um óleo transportador (carreador), como óleo de coco, de amêndoas, jojoba ou semente de uva.
- **Teste de Sensibilidade:** Antes de usar um novo óleo, aplique uma pequena quantidade diluída no antebraço e aguarde 24 horas para verificar reações alérgicas.
- **Evite:** Contato com olhos, mucosas e áreas sensíveis.
- **Atenção:** não se deve ingerir óleos essenciais, a menos que esteja sob orientação de um profissional qualificado.

ELIXIRES

Os elixires são preparados líquidos que guardam em si a memória das plantas, a vibração dos elementos e a intenção do coração de quem os cria. Utilizados desde os tempos antigos por alquimistas, curandeiros e magos, atuam como remédios da alma – despertando vitalidade, elevando emoções e harmonizando o corpo sutil com o plano espiritual.

Mais do que misturas de ingredientes naturais, elixires são rituais líquidos. Cada infusão carrega a sabedoria da terra e o poder das palavras, tornando-se uma ferramenta poderosa para o despertar do ser e a realização de propósitos elevados.

ELEMENTOS ESSENCIAIS DE UM ELIXIR

- **Ingrediente base:** Água, chás, sucos ou álcool vegetal.
- **Ervas e flores:** Escolhidas conforme a finalidade (por exemplo, lavanda para paz, gengibre para vitalidade).
- **Especiarias e frutas:** Potencializam o sabor e o efeito simbólico.
- **Mel ou outros adoçantes naturais:** Para unir os elementos e adoçar a alma.
- **Intenção:** O mais importante ingrediente. Toda criação alquímica começa no plano do pensamento e se fortalece com a palavra consagrada.

ELIXIR DA LONGEVIDADE

Para fortalecer o corpo e a mente.

Ingredientes:

- ✶ Açafrão (anti-inflamatório, regenerador celular)
- ✶ Gengibre (circulação e sistema imune)
- ✶ Chá verde (antioxidante e revitalizante)
- ✶ Alecrim (memória, clareza e foco)
- ✶ Limão (vitamina C, desintoxicante)
- ✶ Mel (fortalecedor e equilibrador)

Modo de Preparo:

1. Ferva um litro de água.
2. Adicione uma colher de chá de cada ingrediente (exceto limão e mel).
3. Coe e acrescente o suco de limão e o mel com a infusão morna.
4. Armazene em vidro escuro e consuma 50 ml por dia, preferencialmente pela manhã.

ELIXIR DO AMOR

Para abrir o coração e magnetizar o afeto.

Ingredientes:

- ✶ Pétalas de rosa (amor e beleza)
- ✶ Canela (atração e energia)
- ✶ Lavanda (doçura e equilíbrio)
- ✶ Gengibre (desejo e conexão)
- ✶ Limão (renovação)
- ✶ Mel (doçura nos relacionamentos)

Modo de Preparo:

1. Ferva um litro de água e adicione uma colher de chá dos ingredientes (exceto limão e mel).
2. Após quinze minutos de infusão, coe e adicione o limão e o mel morno.
3. Armazene em frasco consagrado e consuma em pequenos goles com afirmações de amor-próprio e plenitude.
4. Pode ser borrifado em roupas de cama ou utilizado em banhos ritualísticos.

ELIXIR DA PROSPERIDADE

Um brinde sagrado às forças ancestrais da abundância.

Ingredientes:

- 2 litros de suco de uva (vitalidade e bênçãos)
- 500 ml de soda limonada (alegria e frescor)
- ½ xícara de sementes de romã (fertilidade e multiplicação)
- 2 maçãs picadas em cubos (sabedoria e doçura)
- 1 cacho de uvas inteiras (abundância contínua)
- 3 paus de canela e 21 cravos-da-índia (magnetismo e proteção)

Modo de Preparo:

1. Misture todos os líquidos e as frutas em uma tigela grande.
2. Adicione as especiarias e mexa lentamente, mentalizando prosperidade.
3. Deixe descansar por duas horas.
4. Sirva em celebrações ou em momentos de invocação da abundância, sempre com gratidão.

ELIXIR DA TRANSMUTAÇÃO

O chá azul que se torna roxo: clitória com limão.

Ingredientes:

* 9 flores secas ou frescas de clitória (*Clitoria ternatea*)
* 200 ml de água (preferencialmente mineral ou filtrada)
* Suco de ½ limão fresco (tahiti, siciliano ou cravo)
* Mel, agave ou açúcar demerara (opcional)

Modo de Preparo:

1. Aqueça a água até quase ferver, sem deixar borbulhar em excesso (ponto de fervura suave, preservando a energia vital da planta).
2. Desligue o fogo e adicione as flores de clitória. Tampe e deixe em infusão por cerca de sete a nove minutos.
3. Observe o azul profundo que a natureza oferece – cor da serenidade, da expansão mental e do campo espiritual.
4. Coe o chá e, lentamente, adicione o suco de limão.
5. O azul se transforma em roxo ou violeta diante dos seus olhos. Eis a magia da alquimia viva: a união da água, da planta e do elemento ácido gera uma nova vibração cromática.
6. Adoce, se desejar, e sirva quente ou gelado.

Significado Alquímico:

A clitória carrega o mistério da expansão da consciência, da visão espiritual e da clareza mental. O azul simboliza a serenidade da mente e o campo sutil dos pensamentos elevados. Ao receber o ácido do limão – que representa o elemento Fogo na alquimia vegetal –, a transformação de azul para violeta revela o poder da transmutação: da mente para o espírito, do pensamento para a intuição, da palavra para a manifestação.

Uso Ritualístico:

- ✶ Beba este elixir em práticas de meditação, rituais de limpeza mental, abertura do terceiro olho e conexão com os planos superiores.
- ✶ Pode ser utilizado como poção em cerimônias de lua cheia, invocações, consagrações ou simplesmente para nutrir o corpo e o espírito com beleza e magia.

Invocação Sugerida:

"Que este néctar da transformação desperte em mim a visão clara, a palavra sábia e o espírito elevado. Que eu me lembre, sempre, que a mudança é a essência da vida."

Considerações Alquímicas

- ✶ **Consagre com intenção:** Cada elixir deve ser preparado em estado de presença e gratidão. Mentalize: "Este *elixir é luz líquida, cura e transformação*".
- ✶ **Armazene com respeito:** Utilize frascos de vidro limpos, preferencialmente escuros, e mantenha em local fresco e consagrado.
- ✶ **Use com equilíbrio:** Mesmo sendo naturais, os elixires atuam energeticamente. Consuma com sabedoria, respeitando sua sensibilidade e seu ciclo pessoal.
- ✶ **Harmonize com seu estilo de vida:** Combine os elixires com hábitos saudáveis, silêncio interior e práticas de conexão espiritual.

SABÃO DE ERVAS

Propósito: Este sabão foi elaborado para limpar não apenas o corpo físico, mas também o campo energético, removendo cargas densas, inveja, cansaço espiritual e impurezas emocionais. Pode ser utilizado em banhos ritualísticos, ciclos lunares e momentos de renascimento interior.

Ingredientes:

- ✶ 500 g de base glicerinada branca ou transparente (vegetal)
- ✶ 2 colheres de sopa de alecrim seco (clareza mental e proteção)
- ✶ 2 colheres de sopa de lavanda seca (calma, cura e conexão espiritual)
- ✶ 1 colher de sopa de arruda seca (limpeza energética e afastamento de más influências)
- ✶ 1 colher de sopa de manjericão seco (prosperidade e elevação vibracional)
- ✶ 15 gotas de óleo essencial de lavanda
- ✶ 10 gotas de óleo essencial de alecrim
- ✶ 5 gotas de óleo essencial de *tea tree* (melaleuca) – opcional, para potencializar a limpeza
- ✶ 1 colher de sopa de óleo vegetal (coco, amêndoas ou jojoba)
- ✶ Corante natural vegetal ou argila (opcional)
- ✶ Forma de silicone ou moldes sagrados (flores, luas, espirais, corações)

Ferramentas:

- Panela para banho-maria
- Recipiente de vidro ou inox
- Colher de madeira
- Peneira (se necessário)
- Tela ou papel-manteiga para desenformar

Modo de Preparo:

1. **Consagração dos Elementos:** Antes de iniciar, purifique seus ingredientes com defumação suave (sálvia, incenso ou palo santo). Acenda uma vela branca e, com as mãos sobre os ingredientes, mentalize luz dourada envolvendo cada elemento. Peça à Mãe Terra que desperte a essência curadora das ervas.
2. **Fusão da Base:** Derreta a base glicerinada em banho-maria, com calma e atenção. Enquanto aquece, mexa no sentido horário e cante ou recite uma afirmação, como: "*Que este sabão seja luz, limpeza e proteção. Que as ervas me envolvam com paz e renovação.*"
3. **Alquimia das Ervas:** Com a base já líquida, desligue o fogo. Adicione as ervas secas, mexendo lentamente. Em seguida, incorpore os óleos essenciais e o óleo vegetal. Se desejar, adicione um toque de cor com argila ou corante natural.
4. **Vertimento e Encantamento:** Despeje a mistura nos moldes escolhidos. Toque suave com os dedos ou com um cristal (quartzo branco ou ametista) em cada molde, selando a intenção do sabão. Cubra com um pano leve e deixe descansar por 24 a 48 horas, em local limpo, silencioso e harmonizado.

5. **Desenformar e Curar:** Após a secagem completa, retire os sabões dos moldes. Guarde-os em papel vegetal ou tecidos naturais. Evite plásticos ou locais úmidos. Use preferencialmente em banhos noturnos, lunares ou em momentos de recolhimento espiritual.

SUGESTÃO DE AFIRMAÇÃO PARA O BANHO:

"*Enquanto este sabão toca minha pele, a luz toca minha alma. Que tudo que não serve mais se dissolva. Que a força da natureza me purifique, me proteja e me renove.*"

DICA ALQUÍMICA:

Você pode preparar este sabão em noites de lua crescente, para atrair força e luz, ou em lua minguante, para potencializar a limpeza profunda. Se desejar consagrar com energia solar, prepare durante o meio-dia, invocando a energia do Fogo e da vitalidade.

DIÁRIO ALQUÍMICO DE ERVAS

Ao trilhar o caminho da alquimia natural, você será convidado a criar seu próprio diário alquímico das ervas. Utilize um caderno exclusivo, que se tornará seu jardim de registros, intuições e experiências. Esse diário será construído a partir dos ensinamentos deste capítulo e, principalmente, da sua própria intuição. Aqui, você poderá anotar seus estudos, descobertas, práticas, rituais e percepções sutis – como sinais, sonhos, sincronicidades e mensagens que cada planta lhe revela ao longo da jornada.

Sempre que iniciar um novo registro, escreva a data no topo da página. Isso permitirá que você acompanhe sua evolução e perceba como a energia de cada erva atua em diferentes momentos da sua vida – no corpo físico, nas emoções, no campo energético e no espírito. Preencha uma ficha toda vez que começar a se conectar com uma nova planta. Sempre que tiver uma nova experiência, um *insight* ou uma receita relacionada a ela, retorne à mesma ficha e atualize seus aprendizados, fortalecendo, assim, sua conexão contínua com essa medicina vegetal.

FICHA DE CONEXÃO COM A ERVA

✶ **Nome da Erva:**

✶ **Dia Favorável para Uso ou Ritual:**

MAPA DOS SABERES DA PLANTA

✶ **Propriedades Medicinais:**

✶ **Propriedades Mágicas e Espirituais:**

* **Partes Utilizadas:** (folha, raiz, flor, caule, semente, casca...)
* **Formas de Uso:** (chá, banho, defumação, óleo, unguento, incenso, talismã...)
* **Cuidados ou Contraindicações:**

___

___

___

VIVÊNCIA PESSOAL

* Como conheci essa erva?
* Primeira vez que utilizei – quando e com qual intenção?
* Sensações e percepções físicas, emocionais e espirituais;
* Sonhos, *insights*, visões ou sincronicidades relacionadas;
* Palavras que resumem minha conexão com esta planta;
* Esta erva me ensina que...

RECEITAS E MAGIAS COM ESTA PLANTA

* Banhos e Infusões Energéticas;
* Poções, Elixires e Óleos;
* Defumações, Benzimentos e Limpezas;
* Encantamentos, Amuletos, Talismãs ou Usos em Altares;

PÁGINA LIVRE

Espaço intuitivo para desenhos, colagens, registros lunares, canalizações, orações, músicas ou qualquer expressão que a alma da planta o inspire.

ANOTAÇÕES

· PARTE 4 ·

ALQUIMIA DAS CORES, DOS CRISTAIS, DAS VELAS E DAS FASES DA LUA

A MAGIA DAS CORES NA ALQUIMIA

Na alquimia espiritual, as cores não são apenas manifestações visuais – são vibrações vivas que dançam entre os planos do ser, despertando memórias da alma, ativando emoções, consagrando rituais e alinhando nossa essência aos ciclos da natureza e aos arquétipos do universo. Cada cor carrega uma frequência, um campo energético capaz de expandir, harmonizar, transformar e manifestar. Assim como os alquimistas transmutam o chumbo em ouro, o uso consciente das cores nos permite realizar a própria alquimia interna, convertendo emoções densas em estados de clareza, amor, cura e poder interior.

As cores atuam como catalisadoras nas práticas espirituais e mágicas, ampliando intenções, potencializando visualizações e fortalecendo campos energéticos. Elas harmonizam os chacras, alinham os corpos sutis e ajudam a criar atmosferas vibracionais específicas em altares, banhos, defumações e ambientes sagrados. Cada tom ativa símbolos arquetípicos que ecoam na alma, despertando forças sutis, curando camadas invisíveis e alinhando nosso ser às leis universais que regem a vida, a natureza e a espiritualidade.

CLASSIFICAÇÃO ENERGÉTICA DAS CORES

As cores podem ser agrupadas em três grandes famílias vibracionais:

CORES QUENTES

Ligadas ao fogo, à ação, à vitalidade, à paixão e à manifestação.

* **Amarelo:** Clareza mental, alegria e inspiração. Estimula a mente e o brilho pessoal.
* **Laranja:** Criatividade, entusiasmo e sucesso. Atrai prosperidade e calor emocional.
* **Vermelho:** Força, coragem, amor e desejo. Energiza, protege e ativa o chacra raiz.

CORES FRIAS

Conectadas à água, introspecção, cura emocional e espiritualidade.

* **Azul:** Paz, harmonia, confiança. Acalma o coração e favorece a comunicação elevada.
* **Verde:** Crescimento, equilíbrio, regeneração. Cura emocional e conexão com a natureza.
* **Roxo:** Intuição, sabedoria, transcendência. Limpa o campo energético e conecta aos planos superiores.

CORES NEUTRAS

Relacionadas à terra, à estabilidade, à purificação e ao ancoramento.

- **Branco:** Síntese de todas as cores. Paz, pureza, proteção espiritual.
- **Cinza:** Reflexão, maturidade e neutralidade. Usado em rituais de equilíbrio e transição.
- **Marrom:** Sustentação, conexão com o corpo e com o chão. Ideal para rituais de ancoramento e autocuidado.

CORES COMPLEMENTARES DE PODER

- **Índigo:** Clareza mental e intuição profunda. Excelente para limpezas sutis e *insights* espirituais.
- **Preto:** Mistério, proteção e absorção. Usado em rituais de encerramento, banimento e transformação.
- **Rosa:** Amor suave, gentileza e beleza interior. Atrai harmonia, cura e relacionamentos afetuosos.
- **Dourado:** Prosperidade, brilho espiritual e conexão com o divino solar.
- **Prata:** Intuição, conexão com a lua e com o sagrado feminino.
- **Turquesa:** Equilíbrio emocional, fluidez na comunicação e criatividade.
- **Verde-água:** Calma, juventude e leveza de espírito.
- **Lilás:** Inspiração, magia e conexão com planos superiores.
- **Bordô:** Força ancestral, sensualidade profunda, poder enraizado.

TABELA ALQUÍMICA DAS CORES

COR	PROPRIEDADES ENERGÉTICAS	USOS MÁGICOS
Amarelo	Clareza, luz, alegria	Rituais de criatividade e motivação
Laranja	Energia, entusiasmo, sucesso	Banhos de prosperidade e ativação emocional
Vermelho	Paixão, poder, proteção	Rituais de amor e coragem
Azul	Serenidade, confiança, expressão	Magia da paz, cura e comunicação
Verde	Crescimento, saúde, esperança	Rituais de cura e prosperidade
Roxo	Espiritualidade, purificação, intuição	Meditações e rituais de transmutação
Branco	Pureza, paz, conexão divina	Consagrações, proteção espiritual
Cinza	Neutralidade, reflexão	Rituais de transição e equilíbrio
Marrom	Enraizamento, segurança	Magia da terra, autocuidado, estabilidade
Índigo	Intuição, profundidade mental	Magia visionária, sonhos lúcidos
Preto	Banimento, proteção, poder oculto	Rituais de encerramento de ciclos
Rosa	Amor, suavidade, perdão	Encantamentos de relacionamento e cura

Dourado	Abundância, sabedoria, realização	Rituais de riqueza e reconhecimento
Prata	Intuição, mistério, feminilidade	Magias lunares e de proteção energética
Turquesa	Inspiração, equilíbrio, expressão	Harmonização de relacionamentos
Verde-água	Juventude, leveza, tranquilidade	Magias de serenidade e descanso emocional
Lilás	Conexão espiritual, transformação	Rituais com anjos, portais e intuição
Bordô	Poder profundo, sensualidade	Magia de empoderamento e alquimia pessoal

COMO UTILIZAR AS CORES NA PRÁTICA ALQUÍMICA

- ✶ **Velas e Altares:** Escolha a cor da vela conforme o objetivo do ritual.
- ✶ **Banhos de Ervas:** Harmonize os elementos do banho com cores correspondentes em flores, toalhas ou roupas.
- ✶ **Roupas e Cristais:** Use roupas e cristais da cor desejada ao realizar práticas mágicas ou terapias.
- ✶ **Visualização Criativa:** Durante a meditação, visualize a cor escolhida envolvendo seu campo energético.

A ALQUIMIA DAS VELAS

As velas ocupam um lugar sagrado nas práticas de alquimia ancestral. Muito além de um simples objeto, elas são instrumentos vivos que canalizam energia, elevam a vibração do ambiente e criam uma ponte entre o plano físico e o espiritual. Acender uma vela é declarar, com luz e fogo, aquilo que desejamos transformar, curar ou atrair para nossas vidas.

Na simbologia ancestral, o fogo representa purificação, transmutação e renovação. Ao acendermos uma vela com intenção clara, ativamos esse poder de transformação interior e espiritual. A chama não é apenas luz – é também consciência desperta e força ativa.

Quando utilizamos velas em um ritual, estamos:

✶ Criando um espaço sagrado de concentração e foco.

✶ Ativando a energia do fogo como canal de manifestação.

✶ Direcionando nossa intenção para o Universo de forma visível e simbólica.

O simples ato de acender uma vela já inicia um processo mágico, pois nossa atenção e presença se voltam para o momento presente, despertando o sagrado dentro e fora de nós.

A ESCOLHA DA COR: A LINGUAGEM VIBRACIONAL DAS VELAS

Cada cor carrega uma frequência única, capaz de alinhar, ativar ou potencializar energias sutis conforme nossa intenção. Na prática alquímica, escolher a cor da vela certa é mais do que estética – é uma invocação vibracional que amplifica o propósito do ritual.

As cores das velas seguem a mesma simbologia energética já descrita para as cores em geral: vermelho para ação, azul para serenidade, verde para cura, amarelo para sabedoria, e assim por diante.

Dica alquímica: caso não tenha à mão a cor exata, acenda uma vela branca. Ela é o grande coringa da espiritualidade: pura, receptiva e programável para qualquer intenção elevada.

RITUAL COM VELAS

1. **Escolha a vela** de acordo com seu propósito.
2. **Consagre-a**, segurando-a entre as mãos e dizendo: "*Que esta vela seja um canal da minha intenção mais elevada. Que sua luz ilumine, proteja e manifeste o que é justo e necessário para meu caminho.*"
3. **Acenda-a com presença**, em silêncio ou com uma oração espontânea.
4. **Foque na chama**, respire profundamente e mentalize seu pedido.
5. **Deixe queimar até o fim**, se possível. Se precisar apagar, faça com gratidão e sopre suavemente ou use um abafador.

LEITURA DAS VELAS

INTERPRETANDO OS SINAIS DA CHAMA

Após o ritual, a vela pode revelar mensagens por meio da forma como queimou. Esse processo é chamado de ceromancia – a leitura simbólica dos resíduos da vela. Importante observar que o tipo de vela, o vento e outras situações climáticas podem interferir na condição final da vela queimada.

O que observar:

- **Chama forte e alta:** energia positiva e caminho aberto.
- **Chama fraca ou vacilante:** necessidade de mais força ou clareza na intenção.
- **Chama que estala ou dança:** presença espiritual intensa ou necessidade de proteção.
- **Fumaça escura:** bloqueios energéticos a serem trabalhados.
- **Cera derretida com formas:** símbolos que podem ser interpretados intuitivamente (por exemplo, coração = amor, estrela = proteção, âncora = estabilidade).
- **Cera que sobra e não queima:** resistência ou obstáculos ocultos. Reflita, limpe energeticamente o ambiente e, se necessário, repita o ritual com ajustes.

Dica prática: Tenha um caderno mágico para anotar suas observações sobre cada vela acesa. Com o tempo, sua intuição se afina e você reconhece padrões com mais clareza.

RITUAL ALQUÍMICO PARA ABUNDÂNCIA

Este ritual é ideal para abrir caminhos, atrair prosperidade e fortalecer sua conexão com a energia da abundância universal. Pode ser feito em qualquer fase crescente ou cheia da lua, de preferência às quintas-feiras (dia regido por Júpiter, planeta da expansão).

Materiais:

- ✶ 1 vela verde ou dourada
- ✶ 1 punhado de canela em pó
- ✶ 3 moedas douradas (de qualquer valor)
- ✶ 1 copo com água
- ✶ Um papel com seu pedido escrito à mão

Passo a passo:

1. Prepare o ambiente com silêncio, música suave ou incenso de canela.
2. No papel, escreva seu desejo com palavras positivas, como se já estivesse realizado.
3. Coloque o copo de água à direita da vela e as moedas em forma de triângulo ao redor da vela.
4. Polvilhe um pouco de canela ao redor da vela em forma de círculo mágico.
5. Acenda a vela e diga em voz alta: "*Chama sagrada da abundância divina, acende em mim a fé, o merecimento e o caminho do florescimento. Que a luz desta vela ilumine os passos que me conduzem à prosperidade com gratidão, ética e consciência. Assim é, assim será.*"

6. Medite por alguns minutos observando a chama. Visualize a abundância fluindo em sua vida.
7. Ao final, agradeça e deixe a vela queimar até o fim (em segurança).
8. Guarde as moedas como amuleto de prosperidade ou doe-as com intenção positiva.

MEDITAÇÃO PARA RENOVAÇÃO ENERGÉTICA

Esta prática é simples e profunda. Ideal para fazer antes de rituais ou quando precisar de clareza e renovação energética.

Como fazer:

1. Sente-se.
2. Observe a chama suavemente, sem forçar a visão.
3. Respire profundamente por alguns minutos.
4. Imagine que a chama da vela entra pelo seu coração e começa a purificar todo o seu corpo com luz dourada.
5. Permita que o fogo leve embora bloqueios, medos ou dúvidas.
6. Quando sentir que está completo, agradeça e diga: "*Sou luz, sou chama, sou consciência desperta. O fogo me purifica, me inspira e me renova.*"
7. Finalize em silêncio e, se desejar, anote as percepções que teve.

CRIANDO VELAS ALQUÍMICAS

As velas mágicas de ervas são preciosas ferramentas na prática da alquimia ancestral. Quando confeccionadas artesanalmente, carregam em si não apenas luz e fragrância, mas a intenção, a energia vital das plantas e o poder espiritual das mãos que as moldam.

Criar suas próprias velas é um ato alquímico de transmutação e intenção – um ritual em si. Ao unir os elementos da natureza (Fogo, Terra, Ar, Água e Éter) por meio da cera, do pavio, das ervas e da essência, você está criando um objeto sagrado e consagrado, pronto para servir como canal de manifestação espiritual.

MATERIAIS SAGRADOS PARA A CRIAÇÃO

✶ **Cera de sua escolha:**

- ✧ *Cera de abelha* (energia solar, nobreza, poder de atração)
- ✧ *Cera de soja* (mais neutra, suave e ecológica)
- ✧ *Parafina* (acessível, mas menos natural)

✶ **Pavio:** Algodão ou madeira (conectam a energia do fogo ao centro da vela)

✶ **Ervas secas mágicas: Escolha de acordo com o propósito. Por exemplo:**

- ✧ **Amor:** pétalas de rosa, hibisco, jasmim
- ✧ **Proteção:** arruda, alecrim, lavanda
- ✧ **Prosperidade:** canela, louro, manjericão

- ✧ **Óleos essenciais** (opcional, mas altamente recomendado para potencializar o aroma e a vibração): Exemplos: laranja doce (alegria), sálvia (limpeza), rosa (amor), cedro (enraizamento)

- **Recipientes:** Copos de vidro, moldes de silicone, latinhas ou formas de metal
- Panela para banho-maria ou derretedor de cera
- Termômetro (opcional, mas útil)
- **Bastão ou colher de madeira:** para mexer com respeito e intenção

PASSO A PASSO ALQUÍMICO

1. Preparação do Espaço

Antes de tudo, limpe e consagre o espaço onde você irá trabalhar. Pode ser com incenso, som suave, oração ou, simplesmente, com uma intenção clara. Este é o seu laboratório sagrado.

2. Derretimento da Cera

Coloque a cera em uma panela de vidro ou esmaltada e aqueça em banho-maria, sempre em fogo baixo. Se preferir, também pode derretê-la diretamente no fogo – mas, nesse caso, é ideal reservar uma panela exclusivamente para preparos espirituais. Enquanto a cera derreter, mexa delicadamente em sentido horário, invocando palavras de poder, mantras e preces que reforcem a intenção do seu ritual. Esse momento é sagrado: a cera começa a se tornar um veículo de transformação e energia viva.

Temperatura ideal: 70°C a 80°C.

3. Ativação das Ervas

Enquanto a cera derrete, prepare suas ervas. Sinta seu aroma, toque-as com gratidão e peça permissão à Mãe Natureza para utilizar suas propriedades. Mentalize a intenção com que deseja consagrá-las.

4. **Mistura com Óleos e Ervas**

Com a cera já completamente derretida, desligue o fogo e comece a consagração da fórmula: adicione primeiro as ervas secas e, em seguida, cerca de dez gotas de óleo essencial para cada vela pequena. Misture com suavidade, canalizando sua intenção para aquilo que deseja manifestar. Esse é o momento de infundir propósito e vibração no preparo.

Observação alquímica: Ao adicionar ervas à cera, esteja ciente de que isso altera significativamente a forma como a vela queima. A presença de elementos naturais pode causar chamas irregulares, estalos e até pequenos focos de incêndio se não houver atenção. Por isso, sempre que usar ervas na composição, acenda a vela sob supervisão e em local seguro, com base resistente e longe de materiais inflamáveis.

5. **Enchimento do Recipiente**

- Fixe o pavio no centro do recipiente (pode usar um pinguinho de cera).
- Despeje com cuidado a mistura de cera, ervas e óleo.
- Deixe um pequeno espaço no topo.
- Utilize palitos ou prendedores para manter o pavio firme no centro durante o resfriamento.

6. **Resfriamento Natural**

Deixe a vela descansar por cerca de uma a duas horas em local calmo. Quando a superfície começar a se firmar, você pode decorar com mais ervas, cristais pequenos ou pétalas para embelezar e potencializar sua função mágica.

7. **Aparar o Pavio**

Após a vela esfriar completamente, corte o pavio deixando aproximadamente 1 cm. Isso garante uma queima equilibrada e segura.

CERIMÔNIA DA VELA

Agora que sua vela nasceu, é hora de consagrá-la ritualmente, transformando-a em um canal de magia e intenção.

RITUAL DE CONSAGRAÇÃO:

1. Pegue a vela entre as mãos.
2. Respire profundamente três vezes.
3. Feche os olhos e diga: "*Eu consagro esta vela com a luz do universo, a força da Terra e o fogo do meu coração. Que ela seja um instrumento de cura, verdade e manifestação. Que sua chama ilumine meu caminho com sabedoria e poder. Assim é, assim será.*"

Você pode traçar o símbolo de uma runa ou cruz de luz sobre a vela com o dedo indicador antes de utilizá-la.

FORMAS DE USAR A VELA DE ERVAS

- ✶ **Rituais específicos:** acenda a vela para energizar pedidos com foco e intenção.
- ✶ **Meditações temáticas:** use uma vela de lavanda para relaxar, uma de alecrim para clarear ideias.
- ✶ **Banhos de limpeza ou atração:** acenda a vela antes de entrar no banho mágico, pedindo à chama que purifique ou magnetize sua aura.
- ✶ **Altares e Cantinhos de Devoção:** Manter uma vela acesa no altar ou em um cantinho de devoção é como sustentar uma centelha viva da presença espiritual no lar. A chama se torna um elo sutil entre os mundos, alimentando preces, intenções e bênçãos. No entanto, é fundamental que essa prática seja feita com total atenção e cuidado.

RECOMENDAÇÃO ALQUÍMICA

Sempre permaneça próximo à vela acesa, especialmente nos primeiros momentos, para observar como ela se comporta. A chama pode revelar sinais e mensagens – mas também é uma força viva que exige vigilância.

Use bases resistentes, mantenha longe de tecidos, plantas secas e objetos inflamáveis, e nunca a deixe queimando sozinha.

RECEITAS DE VELAS ALQUÍMICAS POR INTENÇÃO

VELA DO AMOR

- **Intenção:** Atrair o amor verdadeiro, fortalecer o amor próprio, harmonizar relações afetivas.
- **Cor da vela:** Rosa ou vermelha-clara
- **Ervas:** Pétalas de rosa, hibisco, damiana
- **Óleo essencial:** Rosa, ylang-ylang ou baunilha
- **Cristal sugerido (opcional):** Quartzo rosa
- **Decreto ao consagrar:** "*Que esta chama desperte em mim o amor puro, a ternura e a verdade dos vínculos sagrados.*"

Dica: Use em rituais de lua cheia para amplificar o magnetismo afetivo.

VELA DE PROTEÇÃO E DEFESA ESPIRITUAL

- **Intenção:** Criar escudos energéticos, banir energias negativas, proteger o lar ou o campo áurico.
- **Cor da vela:** Preta ou branca
- **Ervas:** Arruda, alecrim, guiné
- **Óleo essencial:** Sálvia branca, cedro ou cravo
- **Cristal sugerido:** Obsidiana ou turmalina negra
  Decreto ao consagrar: "*Que a luz desta vela forme um círculo de proteção ao meu redor. Nenhuma sombra me toca. Estou em paz.*"

Dica: Ideal para momentos de transição, mudanças ou após interações desgastantes.

VELA DA CURA E DO REEQUILÍBRIO

- **Intenção:** Promover cura emocional, física ou energética. Restauração do corpo e da alma.
- **Cor da vela:** Verde ou branca
- **Ervas:** Camomila, lavanda, erva-doce
- **Óleo essencial:** Lavanda ou eucalipto
- **Cristal sugerido:** Ametista ou quartzo verde
- **Decreto ao consagrar:** "*Que esta chama leve luz onde há dor, harmonia onde há desequilíbrio, cura onde há ferida. Eu me restauro.*"

Dica: Pode ser acesa durante orações, banhos ou práticas de autocuidado.

VELA DA PROSPERIDADE E ABERTURA DE CAMINHOS

- **Intenção:** Atrair abundância, oportunidades, sucesso profissional e fluidez financeira.
- **Cor da vela:** Verde, dourada ou laranja
- **Ervas:** Canela, louro, manjericão
- **Óleo essencial:** Laranja doce, patchouli ou canela
- **Cristal sugerido:** Citrino ou pirita
- **Decreto ao consagrar:** "A *energia da prosperidade circula livremente em minha vida. Recebo com gratidão tudo que me fortalece e expande.*"

Dica: Faça este ritual em uma quinta-feira (dia de Júpiter), com uma moeda ao lado da vela como oferenda simbólica.

VELA DA INTUIÇÃO E DA CONEXÃO ESPIRITUAL

- **Intenção:** Estimular visões, sonhos, *insights*, conexão com o Eu Superior e guias espirituais.
- **Cor da vela:** Roxa, índigo ou prata
- **Ervas:** Artemísia, lavanda, jasmim
- **Óleo essencial:** Olíbano (frankincense), mirra ou sândalo
- **Cristal sugerido:** Ametista ou labradorita
- **Decreto ao consagrar:** "*Abro meus sentidos ao invisível. Que esta chama ilumine os caminhos sutis da minha alma.*"

Dica: Acesse antes de meditações profundas, leituras oraculares ou escrita intuitiva.

VELA DA PAZ INTERIOR E HARMONIA FAMILIAR

- **Intenção:** Acalmar tensões, suavizar conflitos, promover equilíbrio nos lares e relacionamentos.
- **Cor da vela:** Azul-clara ou branca
- **Ervas:** Melissa, camomila, flor de laranjeira
- **Óleo essencial:** Lavanda, bergamota
- **Cristal sugerido:** Quartzo azul ou angelita
- **Decreto ao consagrar:** "*Que a paz reine onde eu estiver. Que o meu lar seja templo de luz, respeito e amor.*"

Dica: Excelente para acender durante encontros familiares, jantares ou momentos de descanso.

DICA ALQUÍMICA FINAL:

Você pode personalizar ainda mais as receitas, escrevendo seu nome ou sua intenção em um pequeno papel e colando sob o recipiente da vela. Também pode criar selos mágicos ou sigilos e desenhá-los com uma ferramenta pontiaguda sobre a cera antes da queima.

DIÁRIO ALQUÍMICO DE VELAS

Este diário é um altar escrito, um espaço sagrado para registrar seus rituais com velas, canalizar intenções, acompanhar ciclos espirituais e decifrar a linguagem da chama.

As velas são instrumentos alquímicos que unem o visível ao invisível, o desejo à realização, a matéria ao espírito. Que cada página se acenda como um fogo sagrado, em que sua intenção se transforma em bênçãos, curas e manifestações.

FICHA DE RITUAL COM VELA

✶ **Data e Hora do Ritual:**

✶ **Fase da Lua e Signo do Momento:**

✶ **A Chama da Vela:**

✶ **Cor da Vela Utilizada:**

---

* **Finalidade do Ritual:**

___

(por exemplo, proteção, amor, prosperidade, abertura de caminhos, limpeza, bênção...)

* **Aroma ou Essência (se aromática):**

___

* **Ervas ou Óleos Usados (se houver):**

___

* **Cristais, Amuletos ou Objetos no Altar:**

___

INTENÇÃO

* **Minha Intenção Escrita Antes de Acender:**

___

(Escreva no presente, como se já fosse realidade. Palavras são comandos vibracionais.)

* **Afirmação, Mantra ou Decreto no Acendimento:**

___

___

___

ORAÇÃO, INVOCAÇÃO OU CANALIZAÇÃO

- ✶ (Registre aqui a prece, invocação ou mensagem canalizada durante o ritual. Anote também os nomes dos guias, mestres, guardiões, forças da natureza ou arquétipos com quem se conectou.)
- ✶ Percebi a presença de alguma energia espiritual? (Qual ou como se manifestou?)

LINGUAGEM DA CHAMA

O QUE O FOGO REVELOU:

* A chama estava: (alta, baixa, oscilante, dançante, estável, intensa, fraca...)
* A vela queimou até o fim? (Houve resíduos, formatos, explosões, fumaça, rompimentos, gotejamentos?)
* Formas ou símbolos na cera, na fumaça ou no pavio;
* Minha interpretação.

____

____

____

____

SENSAÇÕES E RESULTADOS APÓS O RITUAL

* Como me senti após o ritual?
* Surgiram sinais, sonhos ou sincronicidades nos dias seguintes?
* Percebi alguma manifestação, mudança ou resposta?
* O que este ritual me ensinou?
  "*A chama me revelou que...*"

____

____

____

____

ESPAÇO LIVRE DE MAGIA DO FOGO

Desenhe símbolos, registre visões, escreva canalizações, poemas de fogo, músicas, mantras ou qualquer mensagem espiritual recebida durante o ritual.

CRISTAIS NA ALQUIMIA

Desde os primórdios da humanidade, os cristais fascinam, curam e protegem. Mais do que simples estruturas minerais, são códigos vivos da Terra, formados sob intensas pressões e longos ciclos cósmicos. Cada cristal carrega em si uma geometria sagrada e uma vibração única que ressoa com os corpos sutis do ser humano, tornando-se poderosos catalisadores de transformação.

Na alquimia espiritual, os cristais são utilizados como instrumentos de cura, manifestação, proteção e expansão da consciência. Eles não apenas amplificam nossas intenções – eles escutam, respondem e colaboram com nossos processos internos mais profundos.

Cada cristal é um arquétipo em forma sólida: um espelho das forças universais moldado na matéria. Sua composição, cor e estrutura vibracional definem seus efeitos sobre nosso campo energético.

Ao trabalharmos com cristais, não manipulamos apenas energia – nos conectamos com a alma mineral do planeta, ativando memórias ancestrais e despertando potenciais adormecidos.

PRINCIPAIS USOS DOS CRISTAIS

1. **Rituais e Cerimônias:** Colocados em altares ou segurados nas mãos, os cristais amplificam a energia do ritual, sintonizando o praticante com a intenção desejada.
2. **Meditação e Introspecção:** Ao segurar um cristal durante a meditação, é possível aprofundar a conexão espiritual, desbloquear emoções e receber *insights* intuitivos.
3. **Proteção Energética:** Cristais como a turmalina negra e a obsidiana atuam como escudos vibracionais, absorvendo e transmutando energias densas.
4. **Atração de Energia:** Citrino, pirita e granada são conhecidos por atrair prosperidade, coragem e entusiasmo. Eles funcionam como ímãs que alinham nossa frequência com o fluxo da abundância.
5. **Cura e Harmonização:** Quartzo rosa, esmeralda e ametista promovem cura emocional, equilíbrio físico e harmonia espiritual, atuando diretamente nos centros de força (chacras).

CLASSIFICAÇÃO DOS CRISTAIS

- **Cristais de Cura:** Ametista, esmeralda, quartzo verde
- **Cristais de Proteção:** Turmalina negra, obsidiana, hematita
- **Cristais Espirituais:** Selenita, labradorita, lápis-lazúli
- **Cristais de Manifestação:** Citrino, pirita, malaquita
- **Cristais de Amor:** Quartzo rosa, rodonita, turmalina rosa

CUIDANDO DOS CRISTAIS

- **Limpeza:** Após o uso ou sempre que sentir peso vibracional, limpe-os com água corrente, fumaça de sálvia, som de sinos ou luz solar ou lunar.
- **Energização:** Após a limpeza, recarregue o cristal com sua intenção. Segure-o entre as mãos, respire profundamente e emane sua mensagem em silêncio ou em voz alta.
- **Consagração:** Nomeie cada cristal, dedique-o a uma função mágica e guarde-o em local sagrado, como um altar ou caixa de poder.

GUIA DOS CRISTAIS

A

- **Ágata Azul Rendada:** Desenvolve autenticidade, desfazendo máscaras sociais. Estimula o senso prático na vida cotidiana.
- **Ágata Botswana:** Clareia relações afetivas e profissionais. Auxilia na regeneração celular e combate a letargia.
- **Ágata de Fogo:** Apoia transições de vida, como menopausa e adolescência. Trabalha a sexualidade com clareza e aceitação.
- **Ágata Musgo:** Liberta conceitos antigos e combate a raiva reprimida. Ideal para quem sofre de insatisfação crônica.
- **Água Marinha:** Traz direção e calma para a vida. Dissolve medos irracionais e alivia o estresse mental.
- **Amazonita:** Desperta a criatividade e capacidade de síntese. Une intuição e lógica para decisões mais acertadas.
- **Ametista:** Transmuta raiva e mágoas, alivia carmas familiares. Calmante natural que eleva a vibração espiritual.
- **Andaluzita:** Desperta ambição com realismo. Conecta com a generosidade e a abundância do universo.
- **Aragonita:** Promove disciplina, equilíbrio e foco. Ajuda a curar bloqueios afetivos de muitas vidas.
- **Atacamita:** Aguça a percepção energética e fortalece o sistema imune. Estimula o terceiro olho.
- **Aventurina:** Ajuda a correr riscos com confiança. Trabalha medos infantis e rigidez emocional.

* **Azeviche:** Dissolve dores emocionais profundas. Indicado em casos de depressão severa e melancolia.
* **Azurita:** Ajuda a enxergar verdades difíceis e mudar com coragem. Dissolve indignações profundas.

B

* **Basalto:** Traz estabilidade emocional em tempos de mudança. Conecta ao centro interior com força e resiliência.
* **Berilo:** Transforma posturas críticas em leveza. Estimula o sucesso e a persistência diante de obstáculos.

C

* **Calcedônia:** Fortalece laços maternos e acalma a mente. Traz sonhos agradáveis e conforto interno.
* **Calcita:** Ajuda a vencer o medo inconsciente do sucesso. Estimula metas com positividade e confiança.
* **Celestita:** Auxilia na adaptação ao plano terreno. Estabiliza emoções e equilibra o temperamento.
* **Cianita:** Alinha desejo, necessidade e realidade. Remove bloqueios energéticos e mentais.
* **Cornalina:** Traz autonomia e confiança nas relações. Protege contra influências externas e indecisões.
* **Crisocola:** Trabalha imaturidade emocional e codependência. Alivia depressão com fundo de raiva.
* **Crisoprásio:** Estimula a autoestima e a conexão com a abundância. Trabalha o egoísmo no afeto e no dinheiro.

D

* **Damburita:** Promove amor próprio e incondicional. Abre canais para orientação espiritual durante o sono.
* **Diamante:** Desbloqueia a personalidade e ativa a alegria. Melhora circulação, sinapses e glândulas superiores.
* **Dolomita:** Traz calma em crises e alívio para dores de cabeça. Estimula habilidades e equilíbrio no fígado.

E

* **Esmeralda:** Aprofunda a percepção da realidade. Cura conflitos familiares e fortalece a estabilidade emocional.

F

* **Fluorita:** Favorece o aprendizado e a clareza mental. Traz leveza e flexibilidade diante da vida.
* **Fuchsita:** Acessa o subconsciente e orienta caminhos profissionais. Conecta com os elementais da natureza.

G

* **Granada:** Desperta o magnetismo pessoal e a energia sexual. Eleva o entusiasmo e a autoestima.

H

- **Hematita:** Libera tensões e estimula a vitalidade. Ideal para quem sente responsabilidade excessiva pelo mundo.
- **Howlita:** Favorece a concretização de planos traçados. Atua no plano espiritual, intelectual e material.

J

- **Jade:** Transforma crenças limitantes e traz fluidez. Acelera tarefas e promove clareza de ação.
- **Jaspe Dálmata:** Estimula a criatividade e a comunicação. Traz foco, relaxamento e ajuda a lidar com fobias.
- **Jaspe Leopardo:** Aumenta a percepção da verdade e fortalece a memória. Atua no fígado, nos rins e no sistema digestivo.
- **Jaspe Marrom:** Libera traumas de vidas passadas. Abre acesso à sabedoria espiritual durante o sono.
- **Jaspe Sanguíneo:** Favorece a ação com proteção. Ajuda a vencer obstáculos com coragem e equilíbrio.
- **Jaspe Verde:** Trabalha a raiva reprimida e a empatia. Auxilia na aceitação do corpo e nas emoções contidas.

K

- **Kunzita:** Abre o coração para o amor e o afeto. Combate fobias, depressão e transtornos emocionais.

L

- **Labradorita:** Restaura a aura e revela padrões inconscientes. Protege contra obsessores e autossabotagens.
- **Lápis-lazúli:** Ajuda os tímidos e orgulhosos a aceitarem seus erros. Inspira autoconhecimento e propósito.
- **Larimar:** Liberta carmas afetivos e traz soluções novas. Dissolve melancolia e padrões autodestrutivos.

M

- **Magnetita:** Promove equilíbrio emocional e clareza. Alivia dores e fortalece os compromissos afetivos.
- **Malaquita:** Transforma crenças sobre dinheiro e espiritualidade. Ajuda a realizar desejos com base real.
- **Mica:** Resgata o poder pessoal a partir da experiência. Fortalece o campo energético e a autoestima.
- **Morganita:** Eleva as vibrações amorosas e cura rejeições. Conecta com os anjos e combate a apatia.

O

- **Obsidiana:** Dissolve energias densas, como inveja e magia. Amplia a visão interna e proteção espiritual.
- **Olho de Falcão:** Traz coragem para seguir sonhos. Acolhe carências emocionais e cura a criança interior.

- **Olho de Gato:** Ativa a intuição e a prosperidade. Recupera perdas financeiras e conecta com a abundância.
- **Olho de Tigre:** Supera medos e aumenta a autoconfiança. Traz força interior e responsabilidade pessoal.
- **Ônix:** Controla impulsos e traz objetividade. Equilibra emoções compulsivas, como ansiedade.
- **Opala:** Desperta talentos adormecidos e atrai sorte. Alivia estresse emocional e insônia.

P

- **Pedra da Lua:** Trabalha sombras inconscientes e o feminino ferido. Ajuda a estabilizar emoções e ciclos.
- **Pedra do Sol:** Restaura a alegria e o otimismo. Traz sensualidade, coragem e energia após perdas.
- **Pedra Estrela:** Atrai conexões afetivas saudáveis. Dissolve a carência e ajuda na escolha do parceiro ideal.
- **Peridoto:** Rompe com ilusões e autoengano. Traz firmeza diante do desconhecido e dos próprios limites.
- **Pirita:** Corrige escolhas afetivas equivocadas. Traz lucidez e autenticidade nas decisões.

Q

- **Quartzo Azul:** Acalma a mente e fortalece o sistema imune. Ajuda no rejuvenescimento e na confiança no tempo.
- **Quartzo Citrino:** Revigora e ajuda a vencer crises emocionais. Dissolve padrões autodestrutivos.

- **Quartzo Cristal:** Amplifica a luz interior e espiritual. Conecta com devas e auxilia na missão da alma.
- **Quartzo Fumê:** Enraíza e traz presença. Ajuda na meditação e no acesso ao subconsciente.
- **Quartzo Rosa:** Cura mágoas e dores afetivas profundas. Trabalha a criança interior e o perdão paterno.
- **Quartzo Rutilado:** Estimula habilidades psíquicas e clareza mental. Remove miasmas e ativa áreas cerebrais.
- **Quartzo Verde:** Regenera o corpo e fortalece o sistema imune. Ensina a respeitar os limites físicos e emocionais.

R

- **Rodocrosita:** Acalma emoções impulsivas no amor. Melhora a pele e a visão afetada pela tensão emocional.
- **Rodonita:** Desperta autenticidade e excelência. Ajuda a lidar com verdades difíceis com equilíbrio.
- **Rubi:** Cura feridas com o pai e ativa a autoestima. Melhora a liderança e decisão.
- **Rubi Estrela:** Integra espiritual e material com vigor. Cura padrões ligados à figura paterna.

S

- **Safira:** Conecta ao Eu Superior e atrai prosperidade. Traz força para cumprir a missão de vida.
- **Selenita:** Acalma e purifica o campo energético, além de possuir capacidade de limpar e recarregar outros cristais.

* **Serpentinita:** Liberta energias de antigos relacionamentos. Atua na limpeza cármica e reprogramação de crenças.
* **Sodalita:** Eleva a autoestima e combate medos irracionais. Ideal para quem se sente vítima ou desvalorizada.

T

* **Topázio:** Promove autoconfiança e realização de grandes planos. Conecta com a abundância e dissolve medos.
* **Turmalina Melancia:** Equilibra relações afetivas marcadas pelo ciúme. Traz autoconfiança e cura crenças de rejeição.
* **Turmalina Negra:** Dissolve energias negativas. Restaura a aura e protege contra ataques espirituais.
* **Turmalina Rosa:** Traz aceitação, indulgência e cura cármica. Liberta padrões repetitivos nos relacionamentos afetivos.
* **Turmalina Verde:** Ensina a lidar com dinheiro de forma equilibrada. Estimula cura física e regeneração do corpo.
* **Turquesa:** Pedra do curador interior e da beleza. Atrai amor e ajuda a enxergar além dos problemas.

U

* **Unakita:** Limpa registros de vidas passadas e promove equilíbrio. Fortalece o organismo e purifica a aura.

DIÁRIO ALQUÍMICO DE CRISTAIS

Este diário é uma ponte entre você e o reino mineral. Um espaço para registrar suas experiências com os cristais, aprofundar seu uso espiritual, terapêutico e alquímico, além de sentir os códigos de cura, proteção e expansão que cada pedra carrega.

FICHA DE CONEXÃO COM O CRISTAL

✶ **Nome do cristal:**

✶ **Cor predominante:**

✶ **Sistema cristalino:**

✶ **Elemento associado:** (Terra, Fogo, Água, Ar, Éter)

✶ **Chacra que ativa:**

✶ **Planeta ou astro regente:**

✶ **Palavras-chave espirituais:**

(exemplos: clareza, proteção, abundância, cura emocional...)

PROPRIEDADES E USOS ESPIRITUAIS

- **Propriedades energéticas e vibracionais:**

____

____

- **Usos terapêuticos (emocionais, mentais, físicos):**

____

____

____

____

- **Aplicações práticas:**

____

____

____

(meditação, grade de cristais, elixir, altar, proteção...)

- **Combinações harmônicas com outros cristais:**

____

____

- **Cuidados e limpeza:**

____

____

____

(água, sol, lua, defumação, selenita...)

MINHA VIVÊNCIA COM ESTE CRISTAL

- ✶ Como encontrei este cristal? Ou como ele me encontrou?
- ✶ Em qual fase da minha vida comecei a usá-lo?
- ✶ Que mudanças, sinais ou intuições percebi com ele?
- ✶ Em quais práticas o utilizei (rituais, curas, sonhos, meditações)?
- ✶ Palavra ou frase que representa meu vínculo com este cristal: "*Este cristal me ensinou que...*"

PRÁTICAS, RITUAIS E CÓDIGOS DE LUZ COM O CRISTAL

✶ **Rituais que já fiz com este cristal:**

____

____

(exemplo: proteção energética, abertura de caminhos, cura ancestral...)

✶ **Mantra ou decreto que uso com ele:**

____

____

____

(exemplo: "Eu me alinho à frequência da verdade e da cura.")

✶ **Elixires, banhos, mandalas que montei:**

____

____

____

✶ **Visualizações, símbolos ou códigos recebidos com ele:**

____

____

____

Sugestão de Uso: Você pode preencher uma nova ficha a cada cristal adquirido ou quando sentir o chamado interior de aprofundar sua conexão com determinada pedra. Este diário também pode ser usado para meditações semanais, práticas com grades de cristais, elixires e consagrações lunares.

PÁGINA LIVRE DE CANALIZAÇÃO CRISTALINA

Espaço para desenhos, mandalas, anotações de sonhos, insights, intuições, músicas recebidas em contato com o cristal. Pode também ser usado para colar imagens ou registrar experiências astrais ligadas ao reino mineral.

FASES DA LUA E SEUS EFEITOS NOS RITUAIS

Desde os tempos mais remotos, a lua foi observada como um espelho da alma e um compasso do sagrado. Suas fases não são apenas mudanças no céu: elas representam ciclos internos, movimentos de expansão e recolhimento que influenciam tanto a natureza quanto a alquimia da alma.

Na mágica e na alquimia ancestral, sincronizar seus rituais com as fases lunares é um dos caminhos mais poderosos para potencializar suas intenções, respeitando o fluxo natural da criação e da liberação.

LUA NOVA – O PORTAL DO VAZIO E DO COMEÇO

- **Energia predominante:** Silêncio, introspecção, potencial oculto.
- **Simbolismo:** Morte do velho e gestação do novo.
- **Práticas ideais:**
  - Estabelecimento de intenções e metas
  - Rituais de banimento e transmutação do passado
  - Meditações profundas e conexão com o Eu interior
  - Escrita mágica ou plantio simbólico de desejos

***Ritual sugerido*:** Escreva o que deseja manifestar nos próximos 28 dias e enterre esse papel em um vaso ou jardim, como se estivesse plantando um sonho.

LUA CRESCENTE – O TEMPO DE NUTRIR E FAZER CRESCER

- **Energia predominante:** Expansão, movimento, fertilidade
- **Simbolismo:** Brotamento, esperança, amadurecimento
- **Práticas ideais:**
  - Rituais para atrair amor, prosperidade, oportunidades
  - Fortalecimento da saúde e do ânimo
  - Ações estratégicas para projetos e metas em andamento
  - Magias de construção e magnetismo

Dica alquímica: Faça rituais com folha de louro (banhos, incensos, patuás), decretando prosperidade e caminhos abertos.

LUA CHEIA – O ÁPICE DA MANIFESTAÇÃO E DA CLAREZA

- **Energia predominante:** Plenitude, poder máximo, revelação
- **Simbolismo:** Luz total, fruição dos desejos, culminação
- **Práticas ideais:**
  - Rituais de gratidão, amor, proteção e consagração
  - Purificações com água, sal e ervas
  - Celebrações e oferendas à Mãe Lua
  - Limpezas energéticas profundas com cristais e banhos de ervas

Ritual simples: Deixe um cristal na janela sob a luz da lua cheia para recarregá-lo com força espiritual. Ao amanhecer, segure-o junto ao coração e diga: "*Eu sou parte da luz que me guia*".

LUA MINGUANTE – A HORA DA LIBERAÇÃO E CURA

* **Energia predominante:** Esvaziamento, desapego, limpeza
* **Simbolismo:** Finalização, recolhimento, sabedoria
* **Práticas ideais:**
    - Rituais de banimento de vícios, padrões ou relações tóxicas
    - Trabalhos de cura emocional e ancestral
    - Silenciamento interior e análise da jornada
    - Banhos de descarrego

Banho ritual: Prepare um banho com uma erva de natureza quente, como arruda, aroeira, pinhão-roxo ou tipi. Se desejar reforçar a limpeza, acrescente uma colher de sal grosso, que ajuda a quebrar cargas espirituais e restaurar o equilíbrio vibracional. Ao entardecer – momento em que os véus entre os mundos se tornam mais sutis –, derrame lentamente o banho do pescoço para baixo, sentindo que toda a energia densa se desprende de seu corpo, como folhas levadas pelo vento. Visualize a luz tomando o lugar do que foi purificado. Ao final, agradeça à natureza, às ervas e à força espiritual que acolheu sua limpeza.

COMO INTEGRAR AS FASES DA LUA EM SUA PRÁTICA ALQUÍMICA

1. **Planeje seus Rituais com um Calendário Lunar**

Mantenha um calendário lunar à vista. Agende seus rituais conforme a energia da fase, fortalecendo a conexão com os ritmos do cosmos.

2. **Mantenha um Diário Lunar**

Escreva suas intenções na lua nova, acompanhe seu progresso na lua crescente, celebre as realizações na lua cheia e escreva o que deseja liberar na lua minguante.

3. **Use Velas, Cristais e Ervas Alinhados à Fase Lunar**

Exemplos:

- **Lua Nova:** vela preta + ônix + sálvia
- **Lua Crescente:** vela verde + aventurina + alecrim
- **Lua Cheia:** vela branca + quartzo + rosa branca
- **Lua Minguante:** vela azul escura + ametista + arruda

4. **Conecte-se com a Natureza**

Coloque os pés na terra, toque uma planta, observe a lua com reverência. A natureza é seu templo. Ouça o que ela sussurra.

O CICLO É A CHAVE

Ao alinhar-se com as fases da lua, você não apenas ritualiza sua vida, mas também entra em sintonia com o ritmo da Criação. A lua ensina que tudo tem seu tempo: tempo de plantar, de crescer, de colher e de deixar ir.

AFIRMAÇÃO MÁGICA:

"Eu sou parte do ciclo. Com a lua, eu crio, cresço, celebro e transformo. Eu honro o tempo sagrado da vida."

RITUAIS ALQUÍMICOS COM AS FASES DA LUA

"*A Lua dança no céu, e com ela dançamos nós: entre plantar, colher, agradecer e deixar ir.*"

As fases da lua não são apenas eventos celestes – são portais energéticos que abrem caminhos para rituais poderosos de transformação. Ao alinhar suas práticas à fase lunar correspondente, você se torna cocriador da própria realidade, em harmonia com os ritmos da Terra e do Cosmos.

LUA DE SANGUE: RITUAL DE MANIFESTAÇÃO E TRANSMUTAÇÃO PROFUNDA

(Durante eclipses lunares)

A Lua de Sangue intensifica tudo o que é sentido, revelado e transformado. É um tempo de alquimia interior, onde sombras são iluminadas e desejos podem ser transmutados em realidade.

Objetivo: Limpar bloqueios, encerrar ciclos e manifestar intenções profundas.

Materiais:

- **Cristais:** ametista (espiritualidade), obsidiana ou turmalina negra (proteção), citrino (prosperidade)
- **Ervas:** sálvia (limpeza), arruda (banimento), lavanda (equilíbrio)
- **Vela:** vermelha ou roxa
- **Papel com intenções escritas**

Passo a passo:

1. **Crie o espaço sagrado** – Acenda a vela, disponha os cristais ao redor e purifique com a fumaça das ervas.
2. **Escreva suas intenções em um papel e depois o queime** – O que você deseja deixar ir e o que deseja manifestar.
3. **Visualize e medite** – Concentre-se na chama e sinta a energia da lua envolvendo todo o ritual.
4. **Agradeça e descarte as cinzas** – Faça isso em um local natural, como um jardim, devolvendo à Terra o que foi liberado.

RITUAL DA MAÇÃ COM CRAVOS PARA ATRAIR PROSPERIDADE

(Lua crescente, nova ou cheia)

Este ritual é um encantamento de prosperidade. A maçã simboliza fertilidade e abundância; os cravos, foco e proteção; o mel, doçura na conquista.

Materiais:

* 1 maçã vermelha
* 21 cravos-da-índia
* Mel
* 3 moedas de metal
* Papel e caneta

Passo a passo:

1. Crie o altar com uma vela verde ou dourada.
2. Escreva seus pedidos e enfie-os na maçã junto aos cravos, com firmeza e intenção.
3. Derrame o mel sobre a maçã, invocando a doçura e fluidez que deseja em sua vida.

4. Circule a maçã com as moedas, criando um campo de magnetismo e fartura.
5. Deixe a preparação repousar por 24 horas sob a luz natural. Em seguida, enterre a maçã em um jardim, devolvendo-a à terra, e doe as moedas como gesto de gratidão e partilha..

RITUAL DE DESAPEGO COM ERVAS E SAL GROSSO

(Lua minguante)

Um verdadeiro "divórcio energético". Este ritual é um ato de libertação profunda, cortando vínculos com padrões, pessoas ou situações que drenam sua energia vital.

Materiais:

- Flores de crisântemo (renovação)
- Folhas de arruda (proteção)
- Casca de alho (corte energético)
- Sal grosso (purificação)
- Vela roxa
- Papel com o que deseja deixar ir

Passo a passo:

1. Acenda a vela e entre em estado de silêncio e presença.
2. Em um recipiente, misture todos os elementos, visualizando a quebra dos laços nocivos.
3. Rasgue o papel com os pedidos de liberação e coloque na mistura, afirmando com firmeza:

"*Eu me liberto de tudo o que já cumpriu seu ciclo. Agradeço e encerro.*"

4. Deixe o recipiente sob a luz da lua minguante durante a noite.

Importante: Após o ritual, descarte os resíduos no lixo comum, sempre com consciência de que já cumpriram seu papel energético. Dessa forma, evita-se poluir a natureza e garante-se que a energia do que foi liberado não permaneça em seu espaço.

RITUAL DA ABÓBORA PARA ATRAIR RIQUEZAS E BÊNÇÃOS

(Lua cheia)

A abóbora, símbolo ancestral de fartura, torna-se aqui um receptáculo sagrado das suas intenções mais abundantes.

Materiais:

* 1 abóbora média
* Grãos diversos (arroz, lentilha, feijão, milho, etc.)
* Papéis com afirmações de prosperidade
* Vela branca ou dourada

Passo a passo:

1. Corte a tampa da abóbora com reverência, como quem abre um cofre mágico.
2. Limpe seu interior e insira os grãos um a um, recitando frases como: "*Ao colocar o arroz, manifesto fartura.*" "*Com o milho, recebo proteção.*"
3. Adicione os papéis com afirmações de prosperidade.
4. Feche a abóbora, agradeça e deixe-a sob a luz da lua cheia até o amanhecer.
5. Descarte-a em um lugar natural ou use os grãos em outro ritual.

FINALIZANDO O CICLO

Ritualizar com a lua é viver em harmonia com o corpo, o tempo e o mistério. Cada fase é uma mestra; cada prática, uma semente. Que sua jornada lunar floresça em sabedoria, magia e realização.

DIÁRIO ALQUÍMICO LUNAR

Este Diário Lunar é um convite sagrado para você caminhar lado a lado com a lua, registrando suas intenções, vivências e percepções ao longo de cada fase. Aqui, cada página é um espelho do seu interior; cada anotação, um ritual de presença.

Ao escrever neste diário, você honra o seu próprio ciclo, fortalece a sua conexão com o invisível e aprende a escutar os sussurros da sua alma guiada pela lua. Não se trata apenas de ritualizar – e sim de lembrar que você é parte do Grande Ritmo, da dança entre luz e sombra, nascimento e liberação.

Use este espaço para sonhar, para agradecer, para soltar, para celebrar. E permita que cada palavra escrita aqui seja uma semente lançada no solo fértil do tempo.

DIÁRIO LUNAR

RITUAL DE ________________ (NOME DA FASE)

✶ **Data:**

✶ **Fase da Lua:** ( ) Nova ( ) Crescente ( ) Cheia ( ) Minguante ( ) Lua de Sangue

✶ **Nome do Ritual Realizado:**

✶ **Intenção para este ciclo lunar:**

✶ **Materiais utilizados:**

✶ **Como me senti durante o ritual:**

✶ **Sinais, sonhos ou percepções após o ritual:**

✶ **Mudanças percebidas neste ciclo:**

ESPAÇO LIVRE PARA MAGIA LUNAR

Desenhe símbolos, registre visões, escreva canalizações, poemas, músicas, mantras ou qualquer mensagem espiritual recebida durante o ritual.

ANOTAÇÕES

· PARTE 5 ·

ALQUIMIA DOS ORÁCULOS

O DESTINO REVELADO PELOS ORÁCULOS

Desde os tempos mais antigos, a humanidade buscou respostas nos sinais da natureza. Nossos ancestrais, atentos aos ciclos da vida, utilizavam pedras, ossos, cristais e símbolos entalhados em madeira para compreender o destino e guiar suas decisões. Esses oráculos eram consultados para prever colheitas, viagens, curas e amores – revelando que tudo ao nosso redor pode se tornar canal de sabedoria, quando olhado com reverência e intenção.

Do Oráculo de Delfos, na Grécia Antiga – onde pedras divinatórias deslizavam sobre pratos para responder às perguntas dos fiéis –, aos seixos e ossos utilizados por povos da Armênia em rituais sagrados, o uso de ferramentas divinatórias sempre fez parte da jornada humana. Elas atuam como pontes entre o visível e o invisível, acessando respostas que a mente sozinha não pode alcançar.

Nesta parte, você será guiado(a) pelo universo dos oráculos e aprenderá a utilizar métodos como o tarô, as runas, o pêndulo, a numerologia, as horas repetidas, os sonhos, a cafeomancia e a hidromancia – não apenas como ferramentas de adivinhação, mas como portais para o autoconhecimento profundo.

Cada prática vai além da previsão: desperta a intuição, amplia a percepção sutil e nos convida a refletir com mais consciência sobre os caminhos da alma. Ao nos sintonizarmos com esses saberes ancestrais, cultivamos clareza interior, fortalecemos nossa conexão espiritual e nos abrimos para decisões mais alinhadas com a nossa verdade. São espelhos simbólicos que revelam não o futuro fixo, mas os potenciais que vibram em nossa energia e intenção no momento presente.

A seguir, alguns oráculos que podem ser utilizados como instrumentos na prática da alquimia – não com a intenção de esgotar o tema, mas como ferramentas de conexão, autoconhecimento e manifestação, aplicáveis a diversas finalidades. tarô, runas, pêndulo, numerologia, horas repetidas, interpretação dos sonhos, animais de poder, cafeomancia e hidromancia são caminhos simbólicos que expandem a percepção, fortalecem a intuição e alinham o alquimista aos códigos sutis do universo.

TARÔ

O tarô é uma ferramenta poderosa, rica em simbolismo, história e significado. Tem sido utilizado ao longo dos séculos para promover autoconhecimento e compreensão das forças que moldam nossas vidas. Composto por 78 cartas, o baralho de tarô é dividido em dois grupos principais: os Arcanos Maiores e os Arcanos Menores. Os Arcanos Maiores consistem em 22 cartas que representam lições universais e experiências profundas, enquanto os Arcanos Menores, com 56 cartas, são divididos em quatro naipes (Copas, Espadas, Ouros e Paus) e refletem situações cotidianas, desafios e aspectos mais sutis da vida.

Na alquimia, o tarô serve como um mapa simbólico da jornada espiritual e do processo de transformação pessoal. Cada carta oferece *insights* que podem ajudar a iluminar nosso caminho, desbloquear potenciais e promover mudanças significativas. Um ritual alquímico com tarô pode ser uma prática poderosa, combinando a energia simbólica das cartas com a intenção de transformação e manifestação de seu verdadeiro eu.

ESTRUTURA DO TARÔ

1. **Arcanos Maiores**: Compostas por 22 cartas, as cartas dos Arcanos Maiores são numeradas de 0 a 21, cada uma representando um arquétipo e um aspecto fundamental da experiência humana. Elas lidam com temas existenciais e espirituais mais profundos, simbolizando as grandes lições da vida.
2. **Arcanos Menores**: Divididos em quatro naipes – Copas, Espadas, Ouros e Paus –, cada um deles contém 14 cartas que incluem os números de 1 a 10, além de quatro cartas da corte (Valete, Cavaleiro, Rainha e Rei). Os Arcanos Menores refletem situações diárias, sentimentos e desafios, oferecendo um entendimento mais granular de nossa psique e experiências.

ARCANOS MAIORES

1. **O Louco (0)**

✶ **Significado:** Representa novos começos, potencial e liberdade de se aventurar. O Louco simboliza a inocência e a curiosidade, encorajando você a seguir seu coração e a se lançar em novas experiências.

✶ **Mensagem:** Esteja aberto(a) a novas oportunidades e confie no seu caminho.

2. **O Mago (I)**

✶ **Significado:** Representa poder, habilidade e manifestação. O Mago possui todos os recursos e ferramentas necessárias para criar sua realidade.

✶ **Mensagem:** Utilize suas habilidades e criatividades para alcançar seus objetivos.

3. **A Sacerdotisa (II)**

✶ **Significado:** Simboliza intuição, sabedoria interior e mistério. A Sacerdotisa nos conecta ao inconsciente e revela verdades ocultas.

✶ **Mensagem:** Escute sua intuição e confie em seus instintos.

4. **A Imperatriz (III)**

✶ **Significado:** Representa fertilidade, abundância e nutrição. Ela simboliza a energia criativa e a capacidade de gerar e cultivar.

✶ **Mensagem:** Abra-se para a abundância e nutra suas ideias e relações.

5. **O Imperador (IV)**

- **Significado:** A personificação da autoridade, do controle e da estrutura. O Imperador é um líder forte que traz estabilidade e segurança.
- **Mensagem:** Estabeleça limites e tome controle da sua vida.

6. **O Hierofante (V)**

- **Significado:** Representa tradição, ensino e espiritualidade. O Hierofante nos convida a nos conectar com nossas crenças e nossos valores.
- **Mensagem:** Busque orientação e sabedoria em tradições e ensinamentos.

7. **Os Amantes (VI)**

- **Significado:** Simboliza amor, união e escolhas significativas. Representa a harmonia em relacionamentos e a necessidade de tomar decisões em conjunto.
- **Mensagem:** Avalie suas relações e as escolhas que você faz em nome do amor.

8. **O Carro (VII)**

- **Significado:** Representa conquista e determinação. O carro indica movimento e vitória sobre obstáculos.
- **Mensagem:** Tome as rédeas da sua vida e avance com firmeza em direção aos seus objetivos.

9. **A Força (VIII)**

- **Significado:** Simboliza coragem, compaixão e autocontrole. A Força mostra que a verdadeira bravura vem de dentro.
- **Mensagem:** Use sua força interna para superar desafios e demostrar compaixão.

10. **O Eremita (IX)**

- **Significado:** Representa reflexão, busca interior e sabedoria. O Eremita é um símbolo de introspecção e autoconhecimento.
- **Mensagem:** Busque um tempo só, para introspecção e clareza.

11. **A Roda da Fortuna (X)**

- **Significado:** Simboliza ciclos, mudanças e a natureza volúvel da vida. A Roda da Fortuna indica que tudo está em constante movimento.
- **Mensagem:** Aceite as mudanças e mantenha a fé nos ciclos da vida.

12. **A Justiça (XI)**

- **Significado:** Representa equilíbrio, verdade e necessidade de integrar experiências. A Justiça destaca a importância de agir com integridade.
- **Mensagem:** Busque a verdade e tome decisões justas.

13. **O Enforcado (XII)**

- **Significado:** Simboliza sacrifício e novas perspectivas. O Enforcado sugere que, às vezes, é necessário deixar ir para ver a vida de uma nova forma.
- **Mensagem:** Esteja disposto(a) a fazer sacrifícios para entender melhor sua situação.

14. **A Morte (XIII)**

- **Significado:** Representa transformação e renascimento. A Morte não é um fim, mas uma transição que abre espaço para o novo.

* **Mensagem:** Aceite mudanças e libere o que não lhe serve mais.

15. **A Temperança (XIV)**

* **Significado:** Simboliza equilíbrio, moderação e harmonia. A Temperança pede a junção de forças opostas para criar um todo harmônico.
* **Mensagem:** Busque a moderação e encontre um equilíbrio em sua vida.

16. **O Diabo (XV)**

* **Significado:** Representa tentação, materialismo e vícios. O Diabo traz à tona os medos e as prisões que criamos em nossas vidas, revelando a luta entre a liberdade e a servidão a impulsos materiais.
* **Mensagem:** Examine as armadilhas que você pode ter criado em sua vida e enfrente os medos que aprisionam. Lembre-se de que você tem o poder de se libertar.

17. **A Torre (XVI)**

* **Significado:** Simboliza mudança repentina, caos e revelação. A Torre representa a destruição de estruturas antigas e a necessidade de deixar ir o que não serve mais.
* **Mensagem:** Prepare-se para mudanças inesperadas que podem abalar sua base. Confie que essas experiências levarão a um crescimento e aprendizado significativos.

18. **A Estrela (XVII)**

* **Significado:** Uma carta de esperança, inspiração e renovação. A Estrela representa a luz que brilha após a escuridão, trazendo cura e tranquilidade.

- **Mensagem:** Confie em sua intuição e siga em frente com otimismo. O futuro é brilhante e suas esperanças podem se manifestar.

19. **A Lua (XVIII)**

- **Significado:** Associada à intuição, a ilusões e ao mundo dos sonhos. A Lua nos convida a explorar o inconsciente e a confrontar nossos medos internos.
- **Mensagem:** Fique atento às ilusões e aos enganos; é um tempo para olhar dentro de si e confiar na sua intuição.

20. **O Sol (XIX)**

- **Significado:** Representa alegria, sucesso e vitalidade. O Sol é um símbolo poderoso de felicidade e realização, trazendo luz e clareza.
- **Mensagem:** Aproveite os momentos de sucesso e alegria em sua vida. Sua energia vital está em alta e você deve se permitir brilhar.

21. **O Julgamento (XX)**

- **Significado:** Simboliza o renascimento e a avaliação. O Julgamento nos convida a refletir sobre nossas ações e suas consequências, promovendo a cura e a libertação do passado.
- **Mensagem:** É hora de avaliar suas escolhas e buscar a redenção. Esteja aberto a novas possibilidades e a se libertar de velhas crenças.

22. **O Mundo (XXI)**

- **Significado:** Representa realização, conclusão e integração. O Mundo é um símbolo de plenitude e sucesso, indicando a conclusão de um ciclo e a realização de potenciais.

* **Mensagem:** Celebre suas conquistas e reconheça como você evoluiu. Você está em harmonia com o universo, e é hora de desfrutar os frutos do seu trabalho.

Essas 22 cartas dos Arcanos Maiores fornecem um guia profundo das experiências humanas. Cada carta traz lições e *insights* poderosos que podem ser aplicados em um ritual alquímico, ajudando a moldar sua jornada espiritual e promover a autodescoberta.

Um ritual eficaz com tarô na prática da alquimia pode ser realizado de forma simples e direta. Aqui estão os passos para conduzir esse ritual de maneira objetiva:

1. **Preparação do Espaço**: Escolha um local tranquilo e livre de distrações. Você pode acender uma vela ou um incenso para criar uma atmosfera sagrada.
2. **Defina sua Intenção**: Antes de iniciar, mentalize o que você deseja manifestar ou compreender naquele dia. Isso pode ser um objetivo específico ou uma questão pessoal.
3. **Escolha seu Baralho de Tarô**: Use um baralho com o qual você se sinta conectado. Certifique-se de que ele esteja limpo e energizado.
4. **Tire uma Carta**: Com sua intenção em mente, embaralhe as cartas e tire uma. Observe a carta escolhida e preste atenção em seu simbolismo e significado.
5. **Mentalização**: Conecte-se com a mensagem da carta e mentalize como essa energia pode impactar o seu dia. Pergunte a si mesmo como você pode aplicar os ensinamentos da carta em sua vida.
6. **Reflexão**: Reserve um momento para refletir sobre a mensagem e como ela se relaciona com sua intenção. Anote suas impressões, se desejar.
7. **Agradecimento**: Ao finalizar, agradeça ao universo e ao tarô por suas orientações e seus *insights*.

Esse ritual simples permite que você utilize a sabedoria do tarô como uma ferramenta para a transformação e o crescimento pessoal em sua prática alquímica. Ao integrar a leitura de cartas no seu dia a dia, você se abre para novas possibilidades e para o entendimento profundo.

RITUAIS ALQUÍMICOS COM OS ARCANOS

O tarô é mais do que um oráculo – é um mapa sagrado da alma, uma chave alquímica de transformação e manifestação. Cada arcano é um portal energético, um espelho que reflete forças do universo e aspectos do nosso próprio ser. Ao utilizar o tarô em rituais, ativamos a magia viva dos símbolos, alinhando nossa intenção aos elementos da natureza – ervas, cristais, fogo, água, ar e terra.

Cada carta se torna um selo de poder, capaz de romper padrões, atrair prosperidade, despertar amor, proteção e expansão espiritual. A seguir, você encontrará um modelo de ritual alquímico que pode ser aplicado de acordo com sua intenção e com a leitura de cada arcano. Para isso, é possível utilizar cristais, ervas e elementos que ressoem energeticamente com a força do arcano escolhido, potencializando ainda mais o campo de manifestação. A seguir, veja um exemplo de ritual que você pode fazer com um Arcano Maior:

O MAGO – MANIFESTAÇÃO, PODER E PROSPERIDADE

ENERGIA DO ARCANO:

O Mago representa o poder da manifestação, a capacidade de transformar intenção em realidade, utilizando os elementos disponíveis no mundo físico, mental, espiritual e emocional. É aquele que reconhece seu próprio poder e ativa seu dom criador.

Materiais:

- A carta O Mago (I).
- Cristal: Citrino (para prosperidade e clareza mental) ou olho de tigre (poder pessoal e foco).
- Erva: Alecrim (clareza, energia vital e manifestação) ou canela (prosperidade, ação e expansão).
- Vela: Branca (universal) ou amarela (prosperidade e foco mental).
- Papel e caneta (para escrever sua intenção).
- Incenso de mirra, olíbano ou canela (opcional).

Passo a Passo do Ritual:

1. **Preparação do Espaço:** Monte seu altar simples. Acenda o incenso e a vela e purifique o espaço com as ervas (defumando com alecrim ou apenas colocando ramos no altar).
2. **Posicionamento:** Coloque a carta O Mago (I) no centro do altar. Ponha o cristal acima da carta (representando o mental e o espírito) e o ramo de erva abaixo da carta (representando a matéria e a base do mundo físico).

3. **Escrevendo a Intenção:** No papel, escreva de forma clara e afirmativa aquilo que deseja manifestar. Exemplo: "*Ativo meu poder pessoal para manifestar prosperidade, expansão e realização nos meus projetos e na minha vida.*"
4. **Ativação da Energia:** Toque a carta e o cristal, dizendo: "*Assim como O Mago domina os quatro elementos, eu ativo meus dons, minha força e meu poder de manifestação. Que minha mente, meu coração, minha ação e minha intenção estejam alinhados.*"
5. **Visualização:** Feche os olhos. Imagine que a carta O Mago se ilumina com uma luz dourada, e essa luz se expande para você, para o cristal e para a vela, preenchendo todo o ambiente. Visualize seu desejo já realizado: veja, sinta, ouça, perceba como se já fosse real.
6. **Selamento:** Queime (opcional) ou dobre o papel e guarde-o no altar junto da carta, como um selo de ativação. Deixe a vela queimar até o fim (em segurança).
7. **Agradecimento:** Agradeça aos quatro elementos, à sua própria consciência criadora e às forças do tarô.

DECRETANDO AO FINAL:

"*Pela força do Mago, eu ativo meu poder pessoal. Meus dons são luz, minhas escolhas são sagradas. Eu manifesto, eu crio, eu realizo. Assim é, assim será.*"

O tarô é uma chave que abre portais de sabedoria, autoconhecimento e conexão com os mistérios da vida. Pode ser utilizado de forma independente, em leituras, rituais, ativações energéticas e talismãs, ou somado a outros oráculos, como pêndulo, interpretação dos sonhos, cafeomancia, hidromancia e numerologia, ampliando percepções e aprofundando respostas. Quando os símbolos se encontram, a intuição se expande e o diálogo com o invisível se torna mais claro, potente e transformador.

RUNAS

As runas são mais do que um alfabeto ancestral. São portais vivos, sementes de sabedoria sagrada gravadas no tecido invisível do cosmos. Elas guardam os sussurros dos antigos, as vozes dos ventos do Norte e os segredos dos ciclos da Terra. São linguagem mágica, sistema de escrita e ferramenta espiritual que atravessa os véus do tempo, conectando quem as invoca aos mistérios da criação, da natureza e do próprio destino.

Cada runa carrega em si um arquétipo, um símbolo vibracional capaz de ativar forças, orientar jornadas, proteger, curar e manifestar. São instrumentos de alquimia espiritual, capazes de transformar consciência em matéria e intenção em realidade. Quando desenhadas, entoadas, visualizadas ou lançadas, as runas despertam memórias ancestrais e alinham o mago, a bruxa e o alquimista com as forças sutis da natureza e do universo.

O alfabeto rúnico mais conhecido, o Futhark Antigo, é composto por 24 runas. Cada runa possui um nome, uma forma simbólica e um campo de significados que abrange temas como proteção, prosperidade, amor, transformação, colheita, justiça e intuição.

USANDO RUNAS NA PRÁTICA ALQUÍMICA

As runas são ferramentas que podem ser integradas de forma muito versátil na alquimia espiritual. Veja algumas maneiras:

1. **Leitura de Runas:** Assim como os oráculos, oferecem respostas, aconselhamentos e visões sobre o presente, o futuro e os processos da alma.
2. **Amuletos e Talismãs:** Gravadas em madeira, pedra ou metal, as runas se tornam talismãs de proteção, prosperidade, amor, cura ou qualquer intenção mágica.

3. **Desenho em Velas:** Escreva ou grave a runa na vela correspondente à sua intenção (cor, dia, elemento), ativando o fogo como canal de manifestação.
4. **Rituais de Purificação e Proteção:** Runa Thurisaz para proteção, Eihwaz para defesa energética, por exemplo.
5. **Meditações Rúnicas:** Sente-se, respire, visualize a runa na sua mente ou sobre um chacra específico e permita que sua energia penetre no seu campo.
6. **Diário Rúnico:** Registre suas tiragens, intuições e percepções com as runas. Isso aprofunda seu vínculo e abre portas para interpretações cada vez mais refinadas.
7. **Altar Rúnico:** Crie um espaço onde as runas estejam presentes, seja em pedras, desenhos, sigilos ou objetos mágicos, como âncoras energéticas dos seus trabalhos.
8. **Ativação Energética:** Antes de um ritual, desenhe com os dedos no ar, na pele ou no campo energético a runa que representa sua intenção. Isso sela, ativa e amplia o poder do trabalho.

TABELA DAS 24 RUNAS DO FUTHARK ANTIGO

RUNA	NOME	PALAVRA-CHAVE	SIGNIFICADO ESSENCIAL
ᚠ	Fehu	Riqueza, Prosperidade	Abundância, bens, fluidez material, início, energia vital.
ᚢ	Uruz	Força, Vitalidade	Energia bruta, superação, saúde, poder primal.
ᚦ	Thurisaz	Proteção, Desafio	Defesa, obstáculos, rompimento, forças de ruptura.
ᚨ	Ansuz	Comunicação, Sabedoria	Inspiração divina, palavra, elo espiritual, inteligência.
ᚱ	Raido	Jornada, Movimento	Caminho, viagens, decisão, alinhamento, fluxo de vida.

ᚲ	Kenaz	Luz, Criatividade	Clareza, conhecimento, soluções, fogo interior.
ᚷ	Gebo	Amor, Parceria	União, troca justa, equilíbrio, doação e recebimento.
ᚹ	Wunjo	Alegria, Harmonia	Sucesso, felicidade, realização, satisfação, êxito.
ᚺ	Hagalaz	Quebra, Mudança	Crises, caos, desafios necessários, transformação.
ᚾ	Nauthiz	Necessidade, Superação	Limitações, lições, aprendizado sob pressão, resiliência.
ᛁ	Isa	Pausa, Estagnação	Bloqueios, concentração, introspecção, estabilidade.
ᛃ	Jera	Colheita, Ciclo	Retorno dos esforços, prosperidade sazonal, frutos.
ᛇ	Eihwaz	Proteção, Evolução	Defesa espiritual, superação, crescimento, alinhamento.
ᛈ	Perthro	Mistério, Destino	Sorte, segredo revelado, intuição, jogo da vida.
ᛉ	Algiz	Proteção, Guia	Defesa energética, conexão com o divino, instinto.
ᛋ	Sowilo	Sucesso, Luz	Vitória, energia vital, realização, brilho pessoal.
ᛏ	Tiwaz	Coragem, Justiça	Força, ética, honra, foco, disciplina, autosacrifício.
ᛒ	Berkana	Fertilidade, Crescimento	Nascimento, cura, proteção materna, novos começos.
ᛖ	Ehwaz	Movimento, Parceria	Harmonia, evolução, alianças, avanço, confiança.
ᛗ	Mannaz	Comunidade, Eu e o Outro	Cooperação, autoconhecimento, sociedade, espelho.
ᛚ	Laguz	Intuição, Emoção	Fluxo, sensibilidade, imaginação, espiritualidade.

ᛝ	Ingwaz	Potencial, Fertilidade	Conclusão de ciclos, novos começos, força interior.
ᛞ	Dagaz	Transformação, Despertar	Iluminação, revelação, mudança irreversível, despertar.
ᛟ	Othala	Herança, Raízes	Legado, ancestralidade, bens, tradições, valores.

Essas runas representam uma rica fonte de simbolismo e sabedoria, sendo ferramentas valiosas na prática mágica e espiritual da alquimia. Cada runa pode ser utilizada para diferentes propósitos, oferecendo *insights* e orientações em sua jornada.

✶ A chamada Runa Vazia, também conhecida como Runa de Odin, não faz parte do Futhark Antigo tradicional. Embora não seja reconhecida nas tradições nórdicas originais, muitos praticantes atuais a utilizam como um portal para refletir sobre o livre-arbítrio, o destino e as possibilidades infinitas que ainda estão em gestação no universo.

A ARTE SAGRADA DE CRIAR SUAS PRÓPRIAS RUNAS

Fazer suas próprias runas é muito mais do que um trabalho artesanal – é um ato de alquimia, conexão e consagração. Ao escolher os materiais, desenhar cada símbolo e impregnar suas intenções em cada traço, o alquimista não apenas fabrica um oráculo, mas tece um elo profundo com os mistérios ancestrais, ativando códigos que despertam memórias espirituais e forças sutis.

Quando você cria suas runas, elas se tornam uma extensão da sua energia, do seu campo vibracional e do seu propósito espiritual. Elas carregam sua história, seu sopro vital e seu caminho. Diferentemente de adquirir um conjunto pronto, construir suas próprias runas gera uma conexão íntima e poderosa, fortalecendo sua sensibilidade oracular, sua intuição e sua capacidade de leitura mágica.

Dicas para Fabricação das Runas:

- **Escolha do Material:** A madeira é o material mais tradicional, representando a conexão com a árvore da vida, Yggdrasil. Você pode escolher galhos caídos (nunca arrancar), especialmente de árvores sagradas, como carvalho, freixo, pinheiro, oliveira, acácia ou até uma árvore que tenha significado pessoal. Também é possível usar pedra, barro, argila, ossos ou cristais.
- **Número Sagrado:** Corte 24 pedaços do material escolhido, de tamanhos semelhantes. Se desejar incluir a Runa Vazia (opcional), corte 25.
- **Purificação:** Antes de qualquer gravação, purifique os materiais com fumaça de ervas (sálvia, alecrim, lavanda), água com sal, banho de sol e lua ou simplesmente com suas mãos, intencionando limpeza energética.
- **Desenho dos Símbolos:** Você pode desenhar com tinta, pirografia (ferramenta de queima na madeira), lápis, caneta permanente ou objetos cortantes. Enquanto desenha cada símbolo, mentalize a ativação da energia da runa, invoque seus significados e, se desejar, cante seu nome em voz alta, sussurrando sua vibração no mundo.
- **Consagração:** Ao finalizar, realize um ritual de consagração. Coloque as runas em seu altar, acenda uma vela branca ou da cor que desejar, queime um incenso e faça uma oração ou um decreto, oferecendo suas runas aos deuses, aos ancestrais, aos guardiões espirituais e às forças da natureza. Peça que cada runa seja um portal de sabedoria, proteção e verdade.
- **Consagre na Natureza:** Algumas tradições sugerem que se deixe o conjunto de runas passar uma noite sob a luz da lua e um dia sob o sol, absorvendo os elementos. Você também pode enterrá-las por 24 horas, para que sejam energeticamente nutridas pela terra.

- **Altar ou Bolsa Mágica:** Guarde suas runas em uma bolsa de tecido natural (linho, algodão, juta ou veludo), que pode ser confeccionada por você mesmo, ou mantenha-as em um espaço sagrado, como um altar dedicado às práticas rúnicas.

Quando você fabrica suas runas, você não apenas cria um oráculo – você desperta um aliado espiritual, um espelho da sua alma e um canal direto com os segredos do universo.

RITUAL DE MANIFESTAÇÃO COM RUNAS

Este ritual é uma fórmula mágica poderosa para alinhar suas intenções ao fluxo criador do universo. Combina o poder da palavra, do fogo e dos símbolos sagrados das runas para acelerar processos de manifestação, seja no amor, na prosperidade, na proteção ou na expansão espiritual.

Materiais Necessários:

- Papel em branco
- Caneta ou lápis
- Vela (cor conforme a intenção)
- Incenso alinhado à sua intenção (canela, lavanda, sálvia, etc.)
- Recipiente seguro para queima (caldeirão, pote de cerâmica, prato)

Passo a Passo:

1. **Preparação:** Crie um espaço sagrado, acenda o incenso e a vela, respirando profundamente.
2. **Defina Sua Intenção:** Conecte-se com sua alma e pergunte-se: "O *que desejo manifestar agora?*".
3. **Escrevendo no Papel:** Anote sua intenção de forma clara, como se já estivesse acontecendo.
4. **Desenhe as Runas:** Escolha uma ou mais runas que representem seu desejo. Exemplos:

   - ✧ Gebo (ᚷ) – amor e parcerias
   - ✧ Fehu (ᚠ) – prosperidade e riqueza
   - ✧ Jera (ᛃ) – colheitas e realizações
   - ✧ Wunjo (ᚹ) – alegria e felicidade

5. **Queima do Papel:** Acenda o papel na chama da vela, colocando no recipiente seguro. Enquanto queima, visualize suas intenções sendo entregues ao cosmos.
6. **Afirmação:** Enquanto observa a fumaça subir, diga: "*Pelas runas sagradas, que este desejo vibre, se manifeste e se realize no tempo perfeito, em harmonia com o Todo.*"
7. **Finalização:** Descarte as cinzas na natureza – jardim, vaso, rio ou solo fértil.

ENCANTOS E RITUAIS COM RUNAS

RITUAL DA RUNA FEHU: PARA ATRAIR PROSPERIDADE

O ritual da runa Fehu é uma prática poderosa que visa atrair riqueza e abundância para sua vida. A runa Fehu, que representa fortuna e sucesso material, pode ser usada em conjunto com a energia de uma vela para amplificar suas intenções. Siga os passos a seguir para realizar este ritual de forma eficaz. Fazer em momentos significativos, como durante a lua crescente ou lua cheia, pode intensificar suas manifestações.

Materiais Necessários:

- **Uma vela verde ou dourada:** Verde representa crescimento e abundância, enquanto dourado simboliza riqueza e sucesso.
- **Caneta ou objeto afiado:** Para desenhar a runa na vela.
- **Um espaço tranquilo:** Para realizar o ritual sem interrupções.
- **Sal grosso ou ervas (opcional):** Para purificação do espaço, como arruda ou canela.
- Um prato ou suporte para a vela.

Passos para o Ritual

1. **Preparação do Espaço**:
   - Encontre um local tranquilo e livre de distrações. Se desejar, coloque uma pitada de sal grosso ou ervas ao redor do espaço para purificar a energia.

2. **Limpeza da Vela**:

    ✧ Segure a vela e visualize qualquer energia negativa sendo removida. Você pode passá-la pela fumaça de um incenso ou simplesmente segurá-la por um momento, concentrando-se na intenção de limpeza.

3. **Desenhe a Runa Fehu**:

    ✧ Com a caneta ou um objeto afiado, desenhe a runa Fehu (ᚠ) na vela. Ao desenhá-la, visualize a energia da abundância fluindo para sua vida. Enquanto realiza essa ação, você pode repetir em voz alta ou mentalizar uma afirmação, como: "*Atraio prosperidade e abundância em minha vida*".

4. **Acenda a Vela**:

    ✧ Coloque a vela em um prato ou suporte e, enquanto a acende, declare suas intenções para atrair prosperidade. Use uma frase afirmativa, como: "A *luz desta vela traz riqueza e abundância para minha vida*".

5. **Meditando sobre a Intenção**:

    ✧ Sente-se em silêncio e medite sobre sua intenção de prosperidade. Imagine as novas oportunidades que você deseja atrair, como novos empregos, parcerias ou finanças. Sinta a emoção de já ter a prosperidade em sua vida.

6. **Tempo de Queima**:

    ✧ Deixe a vela queimar completamente, permitindo que a energia da Fehu se manifeste. É ideal manter a vela acesa em um espaço seguro, longe de materiais inflamáveis.

7. **Finalizando o Ritual**:

   ✧ Quando a vela queimar completamente, você pode descartar a cera residual no lixo.

8. **Agradecimento**:

   ✧ Sempre que possível, agradeça ao universo pela abundância que está a caminho. Esse reconhecimento ajuda a manter a conexão com a energia de prosperidade.

RITUAL DA RUNA GEBO – AMOR, UNIÃO E HARMONIA

A runa Gebo (X) é um símbolo sagrado de amor, parceria e equilíbrio. Representa o dar e receber, o fluxo da generosidade e a troca justa. Ela ancora o poder das alianças, do amor incondicional e dos vínculos que se sustentam na reciprocidade. Realizar um ritual com Gebo é abrir o coração para receber amor verdadeiro e também cultivar a capacidade de ofertar amor e presença de forma equilibrada.

Materiais Necessários:

- Uma vela rosa (amor incondicional) ou vermelha (paixão, magnetismo)
- Caneta ou objeto afiado para desenhar a runa
- Incenso de rosa, lavanda ou jasmim (opcional)
- Papel e caneta para escrever suas intenções
- Um prato ou suporte para a vela

Passo a Passo:

1. **Preparação do Espaço:** Escolha um local tranquilo, limpe energeticamente com ervas ou incenso e organize seu altar.
2. **Purificação da Vela:** Segure a vela e visualize qualquer energia densa se dissolvendo.
3. **Desenhe a Runa Gebo:** Com a caneta ou objeto afiado, desenhe X na vela, mentalizando sua intenção.
4. **Escreva a Intenção:** No papel, escreva de forma clara o que deseja atrair no campo afetivo. Seja específico nas qualidades e no tipo de amor ou relação que deseja.
5. **Acenda a Vela:** Coloque a vela no centro do altar, acenda-a e declare em voz alta: "*Que a energia de Gebo abra os caminhos do amor. Que eu receba e ofereça amor verdadeiro, harmonia, respeito e reciprocidade.*"
6. **Medite na Intenção:** Visualize um laço dourado e rosa envolvendo você e aquilo que deseja manifestar.
7. **Queima do Papel (opcional):** Após meditar, você pode queimar o papel como entrega ao Universo ou guardá-lo em seu altar até a manifestação.
8. **Finalização:** Deixe a vela queimar até o fim (em segurança) e agradeça ao Universo, às forças das runas e aos seus guias.

Selamento:

"*Que o amor que vibro e ofereço retorne multiplicado. Que o dar e receber sejam sempre justos, abundantes e sagrados.*"

ATIVANDO AS RUNAS NA ALQUIMIA

O alquimista pode utilizar as runas não apenas como oráculo, mas também como poderosos selos de ativação energética, trazendo seus arquétipos para rituais práticos e mágicos. A partir dos encantos apresentados anteriormente, é possível compreender como cada runa carrega uma vibração capaz de gerar mudanças, proteção, prosperidade, amor ou transformação interior. Assim, na sequência, apresento rituais alquímicos com runas específicas, que podem ser utilizados conforme sua necessidade, alinhados ao ciclo lunar, aos seus desejos e aos movimentos da própria vida. Cada prática é um portal de manifestação, em que intenção, símbolo e ação se encontram para cocriar uma nova realidade.

Encantos Rúnicos com Símbolos

- ✶ ᚠ Fehu – Para obter ânimo e ajuda durante um período de provação ou sofrimento.
- ✶ ᚢ Uruz, ᛃ Jera, ᛋ Sowilo – Para obter a cura de uma doença.
- ✶ ᚦ Thurisaz, ᛁ Isa, ᚾ Naudhiz – Proteção, restringindo a ação dos adversários.
- ✶ ᚨ Ansuz, ᚠ Fehu, ᛝ Ingwaz – Para libertação de situações, pessoas ou padrões que aprisionam.
- ✶ ᚱ Raido, ᛁ Isa, ᚲ Kenaz – Para proteção contra ataques, enfraquecendo o instrumento de ataque antes que alcance você.
- ✶ ᚺ Hagalaz, ᛃ Jera, ᚱ Raido – Para devolver uma maldição lançada contra você.
- ✶ ᛁ Isa, ᛚ Laguz, ᚾ Naudhiz – Para "apagar incêndios", acalmar, esfriar ou paralisar energias nocivas.
- ✶ ᚷ Gebo, ᛗ Mannaz, ᚹ Wunjo – Para promover a conciliação e o entendimento.

- ᚷ Gebo, ᚨ Ansuz, ᚱ Raido, ᛞ Dagaz – Para garantir o retorno seguro nas jornadas (físicas, emocionais ou espirituais).
- ᛖ Ehwaz, ᛚ Laguz – Para desestabilizar forças hostis e enfraquecer influências adversas.
- ᛊ Sowilo, ᛉ Algiz, ᚨ Ansuz – Para proteger amigos em batalha, fortalecer a liderança, a coragem e a luz do grupo.
- ᚺ Hagalaz, ᛏ Tiwaz, ᚲ Kenaz – Para acessar o mundo espiritual e os planos sutis.
- ᚷ Gebo, ᛝ Ingwaz, ᛚ Laguz, ᛉ Algiz – Encanto de bênção e proteção, como lançar um manto de luz sobre alguém.
- ᛇ Eihwaz, ᚨ Ansuz, ᛗ Mannaz – Para obter compreensão das energias que atuam em sua vida – clareza, percepção e visão espiritual.
- ᛊ Sowilo, ᚱ Raido, ᚲ Kenaz – Para obter poder, triunfo, conhecimento e capacidade de fazer previsões.
- ᚲ Kenaz, ᛃ Jera, ᛝ Ingwaz – Para atrair um amor.
- ᚷ Gebo, ᛝ Ingwaz, ᛖ Ehwaz – Para manter o romance, fortalecer vínculos afetivos e nutrir relações.
- ᛝ Ingwaz, ᛚ Laguz – Para harmonizar as forças masculina e feminina, promovendo equilíbrio, integração e a sensação de completude.

As runas são mais que um oráculo – são chaves de sabedoria, autoconhecimento e conexão com os mistérios da vida. Podem ser usadas em leituras, rituais, talismãs e ativações, ou combinadas a outros oráculos, como pêndulo, sonhos, hidromancia e cafeomancia, ampliando a intuição e aprofundando respostas. Quando os símbolos se unem, o diálogo com o invisível se torna mais claro, poderoso e transformador.

PÊNDULO

O pêndulo é uma ferramenta simples, mas extremamente eficaz, para acessar respostas rápidas do inconsciente e da espiritualidade. Ele funciona como uma extensão do seu campo energético. A energia flui do seu corpo até a mão, passando para o pêndulo, que se movimenta em resposta ao que está sendo perguntado.

COMO ESCOLHER SEU PÊNDULO?

Você pode usar praticamente qualquer objeto pequeno com um pouco de peso, pendurado em uma corrente, cordão ou fita. Um anel preso a um fio ou um pingente já pode funcionar como pêndulo. Se o instrumento escolhido ressoar com você, consagre-o com uma intenção simples: "*Que este pêndulo me oriente para o bem maior*".

Os pêndulos mais comuns têm formato de cone e são feitos de cristais, metais (como cobre, prata e bronze) ou madeira. Se quiser usar um pêndulo de cristal, escolha um que combine com sua intenção. Por exemplo:

- **Ametista e quartzo transparente:** Ótimos para perguntas espirituais ou de intuição.
- **Quartzo rosa:** Ideal para questões afetivas ou relacionadas ao coração.
- **Ônix ou hematita:** Bons para perguntas relacionadas à proteção ou estrutura.

PREPARANDO O PÊNDULO

1. Purifique-o: Limpe-o fisicamente e energeticamente. Use um pano limpo ou passe-o na fumaça de ervas, como sálvia ou alecrim.
2. Sintonize-se com ele: Segure o pêndulo entre o polegar e o indicador, com a palma da mão virada para baixo. Mantenha o braço apoiado numa mesa para não forçar o movimento.

DEFINA SEUS SINAIS: SIM, NÃO E SEM RESPOSTA

Antes de começar, pergunte algo cuja resposta você já saiba (exemplo: "*Meu nome é...?*"). Observe como o pêndulo se move:

- ✶ Movimento no sentido horário ou vai-e-volta = SIM
- ✶ Movimento no sentido anti-horário ou lateral = NÃO
- ✶ Fica parado ou sem padrão = SEM RESPOSTA

Esses sinais serão seus guias. Teste mais de uma vez até se sentir seguro com a resposta.

FAZENDO UMA PERGUNTA

- ✶ Respire fundo.
- ✶ Mantenha-se emocionalmente neutro em relação à resposta.
- ✶ Foque em perguntas objetivas (com resposta sim ou não).

Exemplo: "*Preciso tomar uma decisão sobre meu trabalho?*"

Se a resposta for sim, prossiga com perguntas mais específicas: "*Devo procurar um novo emprego?*". "*Esse novo caminho será positivo para meu crescimento?*"

Se a resposta não for clara, espere um pouco e refaça a pergunta. No máximo, tente três vezes. Se o pêndulo continuar incerto, talvez ainda não seja o momento de receber essa resposta.

CUIDADO COM A AUTOSSUGESTÃO

Se estiver emocionalmente envolvido, sua expectativa pode interferir no movimento do pêndulo. Nesse caso, peça a um amigo de confiança para segurar o pêndulo enquanto você apenas mentaliza a pergunta. Isso ajuda a manter a energia mais neutra e a resposta mais precisa.

ENCONTRANDO OBJETOS PERDIDOS

Você pode usar o pêndulo para localizar algo extraviado. Primeiro, acalme-se. Depois, segure o pêndulo e pergunte:

- "*É possível encontrar* [nome do objeto]?"
- "*Está nesta casa?*"
- "*Está nesta sala?*"

Caminhe pelos ambientes, pare em cada cômodo e refaça a pergunta. Aos poucos, afunile a localização até encontrar o que procura. O pêndulo agirá como um radar espiritual.

USANDO COM CARTAS DE AFIRMAÇÃO

Se tiver cartas de afirmações ou oráculos, espalhe-as sobre a mesa viradas para baixo. Segure o pêndulo sobre as cartas e pergunte: "*Qual mensagem eu mais preciso receber neste momento?*"

O pêndulo irá se mover em direção ao cartão escolhido. Se tiver dúvidas, pergunte novamente: "*Este é o cartão certo para mim?*".

CONCLUSÃO: O PÊNDULO COMO EXTENSÃO DA ALMA

Usar o pêndulo é uma arte que se desenvolve com prática, paciência e intenção pura. Ele não traz respostas mágicas, mas pode ser um canal claro para a sabedoria superior que habita em você. Com o tempo, você perceberá que o pêndulo não decide por você – apenas confirma aquilo que sua intuição já sussurra.

NUMEROLOGIA

Desde os tempos mais antigos, os números foram vistos como algo além da matemática. Eles foram compreendidos como símbolos vivos, portadores de energia, significado e vibração. Entre os grandes sábios que reconheceram essa dimensão oculta dos números, destaca-se Pitágoras, filósofo e matemático grego do século VI a.C.

Pitágoras acreditava que "tudo é número" – e que o universo poderia ser compreendido por meio de padrões matemáticos sagrados. Para ele, os números não eram apenas ferramentas para contar, mas chaves para decifrar a alma, o destino e os ritmos da vida. Foi com base nessa visão que surgiu o que hoje conhecemos como numerologia pitagórica, uma das formas mais populares e acessíveis de interpretação espiritual pelos números.

A numerologia nos convida a descobrir os mistérios por trás de datas de nascimento, nomes e ciclos pessoais, nos ajudando a alinhar nosso caminho com mais consciência, propósito e harmonia.

COMO CALCULAR SEU ANO PESSOAL

O Ano Pessoal indica a energia dominante que você viverá em determinado ano. Ele é calculado somando cada dígito do seu dia e mês de nascimento com os dígitos do ano vigente.

Exemplo: Pessoa nascida em 13 de dezembro (13/12). Queremos saber o Ano Pessoal para 2025.

Passo a passo:

1. Escreva os números:
   - **Dia:** 1 + 3
   - **Mês:** 1 + 2
   - **Ano:** 2 + 0 + 2 + 5
2. Some tudo:
   - 1 + 3 + 1 + 2 + 2 + 0 + 2 + 5 = 16
3. Reduza a um só dígito:
   - 1 + 6 = 7
   - **Ano Pessoal:** 7

DICA IMPORTANTE:

O Ano Pessoal começa a valer a partir do seu aniversário. Ou seja, neste exemplo, a partir de 13 de dezembro de 2025, a pessoa entra no Ano Pessoal 7. Antes disso, ela ainda está vibrando no Ano Pessoal 6.

SIGNIFICADOS DOS ANOS PESSOAIS (1 A 9)

ANO PESSOAL 1
INÍCIOS, AUTONOMIA E CORAGEM

Este é um ano de recomeço. Um novo ciclo de nove anos se inicia e você sentirá um impulso para agir com mais coragem, independência e iniciativa. É tempo de plantar as sementes do que deseja viver nos próximos anos. Decisões tomadas agora têm impacto duradouro.

Afirmação: "*Confio na minha força e abro caminho para o novo.*"

ANO PESSOAL 2
PARCERIAS, EQUILÍBRIO E SENSIBILIDADE

Ano de cooperação, união e paciência. A vida convida você a trabalhar em dupla, a escutar mais e a evitar decisões impulsivas. Emoções à flor da pele pedem acolhimento e diplomacia.

Afirmação: "*Acolho o tempo da espera e honro os vínculos que me ensinam a crescer.*"

ANO PESSOAL 3
EXPRESSÃO, CRIATIVIDADE E COMUNICAÇÃO

Um ano leve, criativo e social. A energia convida à autoexpressão, alegria e expansão emocional. Bom momento para estudar, escrever, se apresentar ou criar algo novo. Cuidado com a dispersão e o excesso de críticas.

Afirmação: "*Dou voz à minha alma e floresço com leveza.*"

ANO PESSOAL 4
ESTRUTURA, DISCIPLINA E TRABALHO

Momento de organizar a vida com responsabilidade. É um ano de construir bases sólidas: carreira, saúde, casa, rotina. Pode parecer um pouco "pesado", mas é um alicerce necessário para os próximos anos.

Afirmação: "*Coloco ordem no caos com serenidade e constância.*"

PESSOAL 5
MUDANÇAS, LIBERDADE E NOVOS CAMINHOS

Ano agitado, com possibilidade de mudanças repentinas: trabalho, cidade, relacionamentos. A energia é de movimento, expansão e libertação de velhos padrões.

Afirmação: "*Sou flexível diante da vida e confio nos ventos da transformação.*"

ANO PESSOAL 6
AMOR, LAR E RESPONSABILIDADES

A vida convida ao cuidado com a família, afetos e responsabilidades emocionais. Pode ser tempo de assumir compromissos mais sérios, como casamento ou mudanças no lar. Busque o equilíbrio entre se doar e cuidar de si.

Afirmação: "*Ofereço o melhor de mim com amor e sabedoria.*"

ANO PESSOAL 7
INTROSPECÇÃO, ESPIRITUALIDADE E AUTOCONHECIMENTO

Momento de pausa, mergulho interior e conexão espiritual. É um ano para estudar, meditar, compreender o sentido mais profundo da sua existência. O silêncio será mais fértil que o ruído.

Afirmação: "*A sabedoria habita em mim. Ouço a voz da minha alma.*"

ANO PESSOAL 8
PODER, JUSTIÇA E REALIZAÇÕES

Este é o ano da colheita material e do amadurecimento. Pode trazer crescimento financeiro, reconhecimento profissional e lições sobre justiça e equilíbrio entre dar e receber. Exige foco, ética e firmeza.

Afirmação: "*A vida me honra à medida que ajo com integridade.*"

ANO PESSOAL 9
CONCLUSÃO, DESAPEGO E CURA

Ano de encerramento de ciclo, de deixar ir tudo o que já cumpriu seu propósito. Pode trazer despedidas, mudanças de rota e uma limpeza emocional ou espiritual. Aceitar o fim é preparar o coração para o novo.

Afirmação: "*Eu me liberto com amor e permito que a vida siga em paz.*"

22:22 11:11 03:03

HORAS REPETIDAS

As horas repetidas, vistas com frequência em relógios digitais, despertam a atenção de quem busca sinais do Universo. Para muitas tradições espirituais, elas são consideradas mensagens vibracionais, portais de autoconhecimento, intuição e sincronicidade. Cada combinação numérica carrega uma energia específica, funcionando como um sinal do inconsciente ou até mesmo um chamado do seu Eu Superior.

TRABALHANDO COM AS HORAS REPETIDAS

As horas repetidas, quando somadas ao conhecimento da numerologia, tornam-se verdadeiros portais para a consciência. São como sinais vibracionais do Universo, sugerindo que é tempo de parar, escutar e se alinhar com a energia sutil que nos cerca.

Quando você une a observação das horas repetidas à sabedoria da numerologia, abre-se a um caminho de autoconhecimento profundo e refinado. Essa prática o ajuda a enxergar além do óbvio, a reconhecer ciclos internos e a confiar mais em sua intuição.

Para integrar esse saber à sua prática espiritual, você pode seguir alguns passos simples, mas profundamente transformadores:

1. Atenção aos Sinais

Sempre que notar uma hora repetida no relógio, pare por um instante. Respire fundo. Reflita:

"*O que eu estava pensando ou sentindo nesse momento?*"

Essas percepções iniciais são preciosas e podem revelar muito sobre os caminhos que seu inconsciente quer mostrar.

2. **Registre e Observe os Padrões**

Crie um diário espiritual - pode ser físico ou digital - para anotar os horários repetidos que surgirem em seu dia. Junto disso, escreva suas emoções, seus pensamentos ou as situações que estavam ocorrendo. Com o tempo, você perceberá repetições e mensagens sutis se desenhando.

3. **Mergulhe no Significado dos Números**

Estude a simbologia de cada número e suas combinações. A numerologia oferece uma linguagem rica para decodificar o que está por trás desses sinais. Números como o 1 falam de inícios; o 2, de parcerias; o 3, de criatividade, e assim por diante. Entender essa linguagem ajuda a alinhar suas ações com sua intuição.

4. **Medite, Afirme e Conecte-se**

Use esses momentos especiais para meditar, fazer orações ou afirmações positivas. Cada hora espelhada pode funcionar como um portal vibracional, um convite para sintonizar com a sabedoria do seu Eu Superior. Afirme em voz alta ou em silêncio:

"*Estou no tempo certo, no lugar certo, para viver o que minha alma deseja.*"

5. **Crie sua Realidade com Intenção**

As horas repetidas não são apenas mensagens - são também oportunidades. Elas lembram de que você é cocriador da sua realidade. Ao reconhecê-las, reflita:

"*O que posso transformar agora?*"

"*Qual passo posso dar para manifestar minha verdade?*"

SIGNIFICADOS DAS HORAS REPETIDAS

- 01:01 – *Inícios e intenções claras*: Um convite para alinhar pensamentos e dar início a algo novo. Esteja consciente de seus desejos e propósitos.
- 02:02 – *Parcerias e equilíbrio*: Momento de cooperação. Avalie suas relações e busque harmonia emocional e afetiva.
- 03:03 – *Expressão e criatividade*: Hora de se comunicar, criar e colocar ideias no mundo. Use sua voz e confie na sua originalidade.
- 04:04 – *Estabilidade e estrutura*: Construa com responsabilidade. Fortaleça seus pilares emocionais, materiais e espirituais.
- 05:05 – *Mudanças e liberdade*: A vida convida para transformações. Libere o velho para abrir espaço ao novo. Aceite o inesperado com leveza.
- 06:06 – *Relações e afeto*: Energia voltada à família, ao amor e aos vínculos. Cuide dos seus e acolha as emoções com gentileza.
- 07:07 – *Sabedoria interior e espiritualidade*: Tempo de introspecção. A conexão com o sagrado está mais ativa – escute a voz da alma.
- 08:08 – *Poder e prosperidade*: Caminho aberto para conquistas materiais. Confie na sua liderança e manifeste o que merece.
- 09:09 – *Concluindo ciclos*: Deixe ir o que já cumpriu seu papel. É hora de desapegar para se abrir ao novo ciclo.
- 10:10 – *Otimismo e confiança*: Mantenha pensamentos elevados. Sua fé e positividade têm força para criar realidades.

- 11:11 – *Despertar espiritual*: Um dos códigos mais potentes de alinhamento. Afirmações e meditações têm grande poder nesse momento.
- 12:12 – *Integração e harmonia*: União entre opostos. Reflita sobre como alinhar corpo, mente e espírito.
- 13:13 – *Transformação e renovação*: A vida pede que você se reinvente. Solte o que não serve mais e permita-se florescer.
- 14:14 – *Equilíbrio com ação*: Estruture suas ideias e avance com responsabilidade. Use sua energia para criar bases sólidas.
- 15:15 – *Liberdade e aventura*: Quebre padrões. A vida pode estar sugerindo mudanças empolgantes – escute o chamado.
- 16:16 – *Amor e lar*: Valorize os laços afetivos. Um convite para fortalecer relações familiares e acolher com empatia.
- 17:17 – *Autoconhecimento e fé*: O Universo convida ao mergulho interno. Confie no processo e abrace sua jornada espiritual.
- 18:18 – *Abundância e realização*: Sinais de que a prosperidade está próxima. Caminhe com foco e propósito.
- 19:19 – *Fechamento e recomeço*: Uma etapa se conclui para que outra comece. Olhe com gratidão para o que passou e siga.
- 20:20 – *Alinhamento e serenidade*: Hora de cooperar, ouvir e respeitar o ritmo do outro. Cultive a paz nos relacionamentos.
- 21:21 – *Amor em expansão*: Um novo romance ou aprofundamento emocional pode estar chegando. Abra o coração.
- 22:22 – *Manifestação e propósito*: Potente sinal de que seus desejos estão ganhando forma. Acredite no que está construindo.

* 23:23 – *Criatividade em movimento*: Dê forma às suas ideias. Grandes colaborações ou projetos podem florescer agora.

* 00:00 – *Potencial infinito e renascimento*: Um momento sagrado. Ciclos se encerram e tudo está possível novamente.

A numerologia e as horas repetidas são mais do que mensagens do universo – são códigos que revelam direções, respostas e alinhamentos da alma. Esses sinais podem, inclusive, ser potencializados e aprofundados junto a outros portais oraculares, como os sonhos, a cafeomancia e a hidromancia. Afinal, quando unimos os símbolos, as linguagens do invisível se entrelaçam, expandindo a intuição e fortalecendo nosso diálogo com o sagrado.

SONHOS

Na senda da alquimia ancestral, recordar os sonhos é abrir portais ocultos entre os mundos. O sonho não é apenas devaneio da mente – é mensagem da alma, revelação do espírito, símbolo em movimento. Porém, para acessá-lo, é preciso cultivar o hábito da escuta interior.

O primeiro encantamento é simples, mas profundo: declare ao universo, com a força do verbo sagrado, que você deseja lembrar. Antes de dormir, repita como um mantra:

"Eu me lembrarei dos meus sonhos."

Três vezes, com intenção clara e coração desperto. Assim, planta-se a semente da lembrança no solo fértil da consciência.

O segundo passo é o registro sagrado. Mantenha um caderno de sonhos ao lado da cama, como um cálice pronto para receber o néctar da noite. Ao despertar, escreva o que vier, ainda que sejam fragmentos soltos. Cada detalhe é uma pista. Descreva sensações, símbolos, cores, números, rostos e emoções. O que parecia confuso ao amanhecer se revelará com o tempo, como quem decifra uma antiga linguagem das estrelas.

À medida que se entrega a esse ritual, o iniciado começará a perceber que os sonhos são como espelhos do próprio espírito: ora refletem vivências do dia, ora traduzem mensagens mais profundas, vindas de planos sutis. Alguns são literais, mostrando cenas do cotidiano; outros são simbólicos, exigindo um olhar mais refinado e intuitivo. A diferença se revela no sentir: se a imagem toca a alma como metáfora, é simbólica; se retrata algo que ecoa de forma direta, pode ser literal.

Com o tempo, o alquimista dos sonhos percebe que carrega dentro de si um léxico único, uma linguagem simbólica pessoal que não se encontra em livros. Um gato, por exemplo, pode ser para uma pessoa um guardião da ternura e, para outra, um presságio de dor. Por isso, é essencial criar seu Oráculo Pessoal dos Sonhos, catalogando os símbolos recorrentes e seu significado íntimo.

Há sonhos que insistem em voltar, como mestres persistentes: são os sonhos repetitivos, que surgem para reforçar ensinamentos ou curar feridas não resolvidas. Podem ser presságios, ecos de traumas ou reflexos de atitudes desalinhadas. Cada repetição é um chamado à transformação.

E quando duas almas se encontram no mesmo sonho, eis um fenômeno raro e sagrado: o sonho compartilhado. Não se trata apenas de companheiros espirituais, mas de consciências em sintonia, realizando ajustes vibracionais em conjunto. A outra pessoa é um espelho, um aspecto seu que clama por atenção.

Recordar, escrever, decifrar e honrar os sonhos é parte do caminho da alquimia interior. É ouvir os sussurros da noite como quem escuta a Mãe Ancestral narrar os mistérios do destino sob o véu das estrelas.

DESPERTANDO O ORÁCULO DOS SONHOS

O Oráculo dos Sonhos é uma ponte sagrada entre mundos. Quando o corpo repousa, a mente racional silencia e os véus que separam o visível do invisível se tornam mais tênues. É nesse estado liminar que o inconsciente – e até dimensões espirituais superiores – se expressam por meio de símbolos, arquétipos e sensações.

Mais do que imagens dispersas, os sonhos são veículos de revelações sutis. São cartas simbólicas enviadas pela alma, contendo verdades adormecidas, medos ocultos, desejos reprimidos e premonições veladas. Ao acessá-los com reverência, abrimos as portas de templos internos onde habita a sabedoria esquecida.

A CONEXÃO ENTRE SONHOS, INTUIÇÃO E ESPIRITUALIDADE

Sonhar é um ato sagrado. Desde os hierofantes do Egito até os xamãs da floresta e os mestres da psicologia profunda, o sonho sempre foi visto como um recado do espírito. É a linguagem da alma e dos ancestrais, ecoando por meio de imagens que só o coração desperto pode traduzir.

Sonhar é conversar com o invisível dentro de nós.

Ao cultivar essa escuta interna, nos aproximamos de guias espirituais, fragmentos de vidas passadas, ensinamentos de outras dimensões e do pulsar vivo do nosso Eu Superior.

Para trabalhar com essa ferramenta ancestral, é necessário tornar-se alquimista de si mesmo, combinando atenção, intuição e prática diária. Eis um caminho possível:

1. **Crie seu Diário Onírico**
   Reserve um caderno exclusivamente para os sonhos.
   Ao acordar, escreva o que lembrar – palavras, emoções, rostos, símbolos, frases, sensações. Cada fragmento é uma peça do quebra-cabeça da alma.

   Ritual diário: Antes de dormir, afirme:

   "*Lembro dos meus sonhos com clareza e recebo suas mensagens com amor.*"

Ao despertar, escreva sem filtro. A alma fala primeiro por sussurros.

2. **Decifre os Símbolos**
   Os sonhos falam por metáforas. Cada símbolo carrega um significado único, moldado por sua história de vida. Embora existam arquétipos universais, o mais importante é o que o símbolo evoca *em você*.

Pergunta-chave: "*O que esse símbolo representa para mim neste ciclo da minha vida?*"

3. **Escute sua Intuição**
   Às vezes, a emoção ao acordar diz mais do que a imagem sonhada. Paz? Medo? Alívio? São portais vibracionais que apontam o rumo da interpretação.

   Exercício de escuta: Feche os olhos, retorne à atmosfera do sonho e pergunte:

   "*Qual mensagem meu Eu Superior deseja me revelar?*"

4. **Integre a Mensagem na Vida Desperta**
   O verdadeiro poder do sonho está em sua capacidade de transformar. Ele é um espelho e um chamado.

Reflexão prática:

✶ Que ação concreta posso realizar com base nesse sonho?

✶ O que estou sendo chamado a enxergar, mudar ou acolher?

✶ Como este símbolo pode me guiar hoje?

Ritual de integração: Escolha uma atitude prática – uma conversa, uma escolha, um gesto – para honrar o ensinamento recebido. Assim, o sonho se transforma em alquimia viva.

PRINCIPAIS TEMAS ONÍRICOS E SEUS SIGNIFICADOS

TEMA	SIGNIFICADO GERAL
Queda	Sensação de perda de controle, insegurança, medo do fracasso.
Ser perseguido	Medo não enfrentado, ansiedade, fuga de uma verdade interna.
Voar	Desejo de liberdade, superação de limitações, expansão espiritual.
Dentes caindo	Insegurança emocional, vaidade, medo da perda de poder.
Água (limpa ou turva)	Emoções profundas; pureza ou turbulência emocional.
Animais (lobos, aves, etc.)	Instintos, forças ocultas, protetores espirituais.
Nudez em público	Medo de exposição, vulnerabilidade, necessidade de aceitação.
Espelhos	Autoconhecimento, confronto com o Eu interior.
Labirinto	Confusão mental, necessidade de reencontrar o foco ou a direção.

COMO POTENCIALIZAR SEUS SONHOS COM RITUAIS

RITUAL NOTURNO DE CONEXÃO COM O ORÁCULO DOS SONHOS

Você vai precisar de:

- 1 cristal (ametista, quartzo ou pedra da lua)
- 1 folha de louro ou ramo de lavanda
- Caderno e caneta
- Intenção clara

Passo a passo:

1. Acenda uma vela branca (opcional) e respire profundamente por alguns minutos.
2. Apague a vela, coloque o cristal debaixo do travesseiro e a erva ao lado da cama.
3. Escreva no diário a pergunta que deseja ver respondida.
4. Antes de dormir, diga em voz baixa:

"Peço ao meu Eu Superior e à sabedoria do inconsciente que me enviem um sonho claro, com uma mensagem útil e verdadeira."

Repita esse ritual por sete noites e observe os padrões dos sonhos.

Dica: Combine Sonhos com Outros Oráculos

Os sonhos são portais de revelações, e sua interpretação pode se tornar ainda mais poderosa quando combinada com outros oráculos. Ao acordar, você pode:

- **Puxar uma carta de tarô ou outro oráculo, perguntando:** "*O que preciso aprender com o sonho de hoje?*". A carta trará uma chave de compreensão, alinhando a mensagem do sonho à sua realidade desperta.

- **Aplicar a numerologia dos sonhos:** Anote a hora exata em que despertou e some os dígitos para descobrir uma mensagem numerológica que complementa o significado do sonho.

- **Astrologia onírica:** Se conhece seu mapa astral, observe em quais casas os planetas transitavam durante a noite ou a fase lunar vigente. Isso revela quais temas da sua vida estavam sendo ativados no plano sutil.

- **Pêndulo:** Utilize-o ao acordar para perguntar se o sonho foi uma mensagem espiritual, uma limpeza energética, um aviso ou apenas processamento mental.

- **Runas:** Tire uma runa ao despertar e pergunte: "*Qual é a essência da mensagem trazida neste sonho?*". O símbolo rúnico atuará como um selo energético de interpretação e orientação.

- **Cafeomancia:** Após o café da manhã, prepare um ritual de leitura da borra, trazendo a pergunta: "*Que imagem ou símbolo complementa a mensagem do meu sonho?*".

- **Hidromancia:** Observe o reflexo da água, gotas ou movimentos, e permita que sua intuição traduza imagens, formas ou sensações que tragam clareza sobre o sonho.

Quando cruzamos os saberes – sonhos, cartas, números, símbolos, elementos –, ampliamos a escuta da alma e afinamos nosso canal intuitivo. Afinal, todos os oráculos falam a linguagem do invisível e, quando se entrelaçam, a mensagem se torna ainda mais clara, vibrante e transformadora.

DIÁRIO ALQUÍMICO DE SONHOS

Este diário é um espaço sagrado para transcrever, decifrar e honrar os mistérios dos sonhos – um portal onde o consciente encontra o inconsciente e a alma revela verdades ocultas.

Você pode utilizar este diário para:

- ✶ Obter respostas que sua mente desperta não acessa.
- ✶ Curar medos, traumas e sombras ocultas.
- ✶ Conectar-se com guardiões espirituais, ancestrais e mestres de luz.
- ✶ Despertar sua intuição e expandir a clareza emocional.
- ✶ Manifestar desejos por meio de sonhos lúcidos, conscientes e dirigidos.

PÁGINA DE REGISTRO DOS SONHOS

Sugestão: Copie estas perguntas em seu caderno ou imprima para colar nas primeiras páginas do seu Diário Alquímico dos Sonhos. Preencha sempre que desejar registrar uma visão noturna.

- ✶ Data do Sonho;
- ✶ Fase da Lua (se souber);
- ✶ Ao despertar senti:

( ) leveza ( ) tranquilidade ( ) ansiedade ( ) medo

( ) inspiração ( ) confusão ( ) outro: ______________________

- ✶ Horário aproximado do despertar (se lembrar);
- ✶ Sonho: *(Descreva como se estivesse contando para alguém. Permita que as palavras fluam, sem julgamentos.)*

Elementos importantes que surgiram no sonho:

- ✶ Pessoas, seres ou presenças;
- ✶ Locais, ambientes ou paisagens;
- ✶ Símbolos marcantes (animais, objetos, números, sinais, elementos);
- ✶ Cores, luzes, aromas ou sons percebidos;
- ✶ Frases, palavras ou mensagens ouvidas;
  - ✧ O que senti durante o sonho?
- ✶ **Percebo alguma conexão com minha vida atual?**

( ) Sim ( ) Não ( ) Ainda não sei

Se sim, qual?

- ✶ Intuição, ensinamento ou mensagem que este sonho me revelou;
- ✶ **Ação que posso tomar a partir deste sonho:**

( ) Meditar sobre os símbolos recebidos

( ) Realizar um ritual de proteção, gratidão ou abertura

( ) Conversar com alguém sobre o tema

( ) Criar algo inspirado no sonho (texto, arte, música, poesia)

( ) Apenas observar e deixar fluir

( ) Outra:

Nota Final: Se o sonho parecer fragmentado, registre mesmo assim. Com o tempo, sua memória onírica se fortalecerá e os véus se abrirão.

Lembre-se: os sonhos são sementes lançadas no solo da alma – algumas florescem agora; outras, na estação certa.

ANIMAIS DE PODER

Os animais de poder – também conhecidos como totens ou espíritos animais – são arquétipos espirituais que representam qualidades, forças e sabedorias específicas. Eles são guias simbólicos e energéticos, capazes de revelar aspectos da nossa personalidade, missão de alma e caminhos de cura.

Em tradições como o xamanismo, os animais de poder não apenas acompanham nossa jornada espiritual como também nos protegem, aconselham e nos ajudam a compreender fases da vida que exigem coragem, flexibilidade ou silêncio. São como espelhos do nosso inconsciente, despertando intuições e nos reconectando à natureza sagrada que habita em nós.

COMO SE CONECTAR COM SEU ANIMAL DE PODER?

A conexão pode acontecer por meio de:

- Meditações guiadas ou xamânicas.
- Sonhos lúcidos ou recorrentes.
- Aparições simbólicas repetidas na vida desperta.
- Leituras de oráculos, como borra de café, cartas ou runas.
- Vivências na natureza, em estados de presença e reverência.

Ao reconhecer um animal de poder, você está se abrindo para receber as lições que ele carrega. Pode ser uma mensagem momentânea ou um espírito que o acompanha ao longo da vida – tudo dependerá da sua sintonia e das fases que estiver atravessando.

ABELHA

- **Propriedades:** Trabalho em equipe, produtividade e doçura.
- **Mensagem:** A abelha celebra a colaboração, incentivando o trabalho conjunto e a criação de comunidade.

ÁGUIA

- **Propriedades:** Visão clara, espiritualidade, liberdade.
- **Mensagem:** A águia é um símbolo de inspiração e visão superior. Ela o encoraja a ver além do horizonte e a buscar seu propósito divino.

BORBOLETA

- **Propriedades:** Transformação e renascimento.
- **Mensagem:** A borboleta simboliza mudança e evolução, refletindo a beleza da metamorfose em processos de vida.

CAMALEÃO

- **Propriedades:** Adaptabilidade e flexibilidade.
- **Mensagem:** O camaleão relembra a importância de se adaptar às mudanças e se camuflar quando necessário.

CAVALO

- **Propriedades:** Liberdade, força e resistência.
- **Mensagem:** O cavalo aponta para a autonomia e a capacidade de seguir seu próprio caminho.

CERVO

- **Propriedades:** Graça, gentileza, sensibilidade.
- **Mensagem:** O cervo representa amor e compaixão, convidando você a seguir sua intuição e a cultivar sua conexão com a natureza.

CISNE

- **Propriedades:** Beleza, amor e transformação.
- **Mensagem:** O cisne representa a elegância e a busca por amor e harmonia nas relações.

COBRA

- **Propriedades:** Renovação, transformação e sabedoria.
- **Mensagem:** A cobra simboliza a sabedoria ancestral e a prática da liberação, incentivando a transformação pessoal.

COELHO

- **Propriedades:** Fertilidade, abundância e intuição.
- **Mensagem:** O coelho simboliza novos começos e a criatividade, ensinando a ser ágil e atento às oportunidades.

CORUJA

- **Propriedades:** Sabedoria, percepção, mistério.
- **Mensagem:** A coruja representa a visão no escuro e a capacidade de ver verdades ocultas. Ela o alerta para mudanças em sua vida.

DRAGÃO

- ✶ **Propriedades:** Força, poder e transformação.
- ✶ **Mensagem:** O dragão simboliza proteção e a capacidade de superar obstáculos, encorajando a usar sua força interna.

FALCÃO

- ✶ **Propriedades:** Visão, foco e precisão.
- ✶ **Mensagem:** O falcão representa a capacidade de ver além da distância e agir com determinação.

FOCA

- ✶ **Propriedades:** Alegria, comunicação e liberdade emocional.
- ✶ **Mensagem:** A foca lembra da importância de equilibrar responsabilidades e diversão, promovendo uma vida alegre.

GATO

- ✶ **Propriedades:** Mistério, intuição e liberdade.
- ✶ **Mensagem:** O gato representa a sensibilidade e a liberdade de ser autêntico.

GOLFINHO

- ✶ **Propriedades:** Alegria, comunicação, harmonia.
- ✶ **Mensagem:** Os golfinhos representam liberação e felicidade. Eles incentivam a expressão pessoal e a conexão com os outros.

LEÃO

- **Propriedades:** Coragem, poder e liderança.
- **Mensagem:** O leão representa força e bravura, encorajando a tomar a liderança e se afirmar.

LOBO

- **Propriedades:** Intuição, lealdade e comunicação.
- **Mensagem:** O lobo é um líder natural e representa a força da família e da proteção. É um guia que nos incentiva a confiar em nossa intuição e a valorizar nossos laços.

PEIXE

- **Propriedades:** Emoções, fluxo e adaptabilidade.
- **Mensagem:** O peixe representa a conexão com o inconsciente e a fluidez nas experiências emocionais.

PUMA

- **Propriedades:** Coragem, liderança e determinação.
- **Mensagem:** O puma representa o poder de enfrentar desafios com confiança, seguindo a intuição e mantendo-se fiel a si mesmo.

SERPENTE

- **Propriedades:** Renovação, transformação, cura.
- **Mensagem:** A serpente simboliza a sabedoria antiga e os ciclos de vida e morte, representando a transformação e a cura emocional e espiritual.

TIGRE

- **Propriedades:** Poder, independência, coragem.
- **Mensagem:** O tigre simboliza força e autoconfiança, encorajando você a reivindicar seu poder pessoal e a agir com determinação.

TUBARÃO

- **Propriedades:** Instinto, proteção e autoconfiança.
- **Mensagem:** O tubarão encoraja você a confrontar desafios de frente e confiar em seus instintos.

URSO

- **Propriedades:** Introspecção, força, proteção.
- **Mensagem:** O urso é um símbolo de força e poder. Ele indica a necessidade de se recolher e refletir sobre si mesmo, além de oferecer proteção.

TRABALHANDO COM ANIMAIS DE PODER: PRÁTICAS ESPIRITUAIS E ALQUÍMICAS

Os animais de poder são guias espirituais que carregam mensagens, forças e arquétipos profundamente conectados à alma humana. Quando acessamos sua energia, estamos também despertando aspectos adormecidos em nós: coragem, sabedoria, cura, instinto, amor, proteção. Para que esse vínculo seja autêntico e transformador, é importante cultivar práticas contínuas de conexão e escuta interior.

FORMAS DE CONEXÃO COM SEU ANIMAL DE PODER

1. Meditação Guiada com Visualização

Reserve um momento de silêncio, feche os olhos e visualize-se caminhando por uma floresta, um deserto, uma caverna, uma montanha ou uma praia – siga sua intuição. Em algum momento, um animal se aproxima. Observe-o: sua forma, sua cor, seu tamanho, seu comportamento. Pergunte a ele qual mensagem deseja transmitir. Deixe que a imagem e a presença se revelem.

Prática avançada: desenhe o animal que viu, mesmo que de forma rudimentar, e escreva o que sentiu durante o contato.

2. Sonhos e Registros Oníricos

Muitos animais aparecem em sonhos como arquétipos e mensageiros. Anote sempre que algum animal surgir, mesmo que pareça aleatório. Use seu diário espiritual para interpretar os símbolos e repetições. Pergunte-se:

"*Qual era o contexto do sonho? O que o animal fazia? Que emoção me despertou?*"

3. Caminhadas Conscientes na Natureza

Aproxime-se da natureza com reverência. Durante trilhas, passeios ou momentos de solitude ao ar livre, repare quais animais cruzam seu caminho. Mesmo pássaros, insetos ou sons repetitivos podem carregar mensagens. A escuta atenta à natureza é uma das formas mais puras de comunhão com os animais de poder.

4. Joias e Talismãs

Carregar imagens simbólicas (em colares, pulseiras, amuletos, arte ou até mesmo tatuagens) é uma forma poderosa de ancorar a energia do animal na sua aura. Ao vestir ou tocar esse símbolo, invoque sua força dizendo:

"*Que a coragem do Leão me acompanhe.*"

"*Que a sabedoria da Coruja esteja comigo.*"

5. Escrita Intuitiva e Diário de Poder

Mantenha um caderno exclusivo para sua jornada com os animais de poder. Escreva *insights*, sonhos, mensagens canalizadas e rituais realizados. Com o tempo, você perceberá padrões, repetições e um vínculo profundo com o reino animal espiritual.

6. Prática Alquímica Espiritual

Os animais de poder também estão conectados aos quatro elementos (Terra, Água, Fogo, Ar) e aos centros energéticos (chacras). Trabalhe com eles como catalisadores de cura energética:

- ✶ Urso para enraizamento (Terra).
- ✶ Golfinho para fluidez emocional (Água).
- ✶ Fênix/Dragão para transmutação (Fogo).
- ✶ Águia para visão e elevação espiritual (Ar).

RITUAL DE CONEXÃO COM SEU ANIMAL DE PODER

◇ **Objetivo:** Invocar a presença espiritual do seu animal de poder e receber uma mensagem ou orientação.

Materiais:

- Um espaço sagrado e silencioso
- Uma vela (cor conforme a intenção)
- Incenso ou ervas para defumação (sálvia, lavanda, alecrim)
- Cristais relacionados ao animal (ametista, obsidiana, citrino, quartzo rosa, etc.)
- Uma imagem ou um símbolo do animal (desenho, escultura, foto)
- Papel e caneta

Passo a passo:

1. **Preparação do Espaço:**

Crie um altar simples com os elementos escolhidos. Acenda o incenso e a vela. Respire profundamente, três vezes, soltando o corpo e silenciando a mente.

2. **Invocação:**

Com o coração aberto, diga:

"Animal de poder que me guia e me protege, peço que se manifeste agora. Que sua sabedoria me envolva, que sua energia me cure e que sua mensagem me oriente."

3. **Meditação e Escuta:**

Feche os olhos e sinta a presença do animal se aproximando. Observe onde ele está em relação a você (à sua frente, ao lado, nas costas). Preste atenção em tudo o que surgir: imagens, palavras, sensações físicas.

4. **Registro e Integração:**

Abra os olhos lentamente. Anote tudo o que sentiu, ouviu ou viu. Não filtre ou julgue. As mensagens mais importantes vêm em forma de sussurros, metáforas ou sensações sutis.

5. **Oferta e Agradecimento:**

Ofereça algo simbólico em agradecimento – uma flor, uma folha, um cristal, um copo de água. Agradeça em voz alta, com sinceridade.

"Gratidão por caminhar comigo nesta jornada. Honro sua presença e seguirei com mais força e consciência."

OUTRAS PRÁTICAS ALQUÍMICAS COM ANIMAIS DE PODER

- **Círculo de Proteção:** Visualize seu animal de poder ao seu redor formando um escudo de luz.
- **Oráculo Intuitivo:** Pergunte mentalmente ao animal o que precisa saber hoje. Em seguida, abra um livro espiritual ao acaso ou tire uma carta de um baralho – essa será sua resposta.
- **Banho de Conexão:** Prepare um banho com ervas ligadas ao animal (por exemplo, hortelã para o cavalo, lavanda para o cisne). Tome em silêncio, pedindo que ele se revele mais claramente a você.
- **Caminhada Xamânica:** Ande descalço na terra ou areia, repetindo o nome do animal como um mantra, até sentir que sua energia está presente.

PARA O ALQUIMISTA ESPIRITUAL

Lembre-se: os animais de poder também podem se manifestar na borra de café, em meditações profundas, em visões durante rituais ou até como sinais sincrônicos no dia a dia. Um alquimista sensível percebe além do físico – ele traduz a linguagem simbólica da vida.

Honre essas presenças como mestres. Eles são partes de você. E quando invocados com respeito, abrem caminhos de cura, coragem, proteção e sabedoria ancestral.

CAFEOMANCIA

Desde os tempos mais antigos, o ser humano buscou respostas nos sinais que a natureza deixava. Entre essas práticas ancestrais, destaca-se a tasseomancia - a arte da leitura da xícara -, uma poderosa ponte entre o visível e o invisível. Seja por meio das folhas de chá ou da borra do café, essa técnica de adivinhação desperta a intuição e revela mensagens que muitas vezes escapam ao olhar racional.

O termo tasseomancia vem do francês *tasse* (xícara) e do grego *manteia* (adivinhação), e se refere à interpretação dos resíduos que permanecem no fundo e nas laterais de uma xícara após o consumo da bebida. Quando essa leitura é feita especificamente com a borra de café, especialmente em métodos tradicionais como o café turco ou árabe, a prática recebe também o nome de cafeomancia. Ambos os termos se complementam e representam o mesmo oráculo: a capacidade de traduzir, por meio de formas e símbolos, mensagens do inconsciente, do campo energético e da espiritualidade.

Com raízes profundas no Oriente Médio, nos Bálcãs, na Turquia e na Grécia Antiga, tanto a tasseomancia quanto a cafeomancia são muito mais do que simples práticas divinatórias. São rituais de presença, escuta e conexão. As imagens que surgem na xícara tornam-se portais simbólicos, oferecendo clareza, direcionamento e uma profunda expansão da consciência.

COMO REALIZAR UMA LEITURA COM A XÍCARA

1. **Preparação da Bebida com Intenção**

   Escolha o café (de preferência o turco, não coado) ou chá com folhas soltas. Prepare-o com calma, mentalizando uma intenção clara ou uma pergunta. A energia colocada nesse preparo será fundamental para a leitura.

2. **Consumo Consciente**

   Beba a bebida lentamente, em silêncio ou em estado meditativo, permitindo que a pergunta ou intenção se acomode na mente e no coração. Deixe uma pequena quantidade de líquido no fundo para ajudar a espalhar a borra ou as folhas.

3. **Virada da Xícara**

   Cubra a xícara com um pires, faça um pedido silencioso e vire-a de cabeça para baixo. Aguarde alguns minutos enquanto os resíduos escorrem e secam, formando os padrões a serem lidos. Você pode girar a xícara no sentido anti-horário para ativar o campo simbólico.

4. **Observação e Leitura**

   Vire a xícara de volta e observe com atenção. Analise os padrões formados nas paredes internas e no fundo. Divida mentalmente a xícara:

- **Borda superior:** futuro próximo
- **Centro:** presente
- **Fundo:** passado ou causas ocultas
- **Lado esquerdo:** emoções
- **Lado direito:** razão e decisões práticas

SÍMBOLOS E SEUS SIGNIFICADOS NA CAFEOMANCIA

Na arte da cafeomancia, os símbolos que surgem na borra de café são portais simbólicos para mensagens do inconsciente e percepções do futuro. A interpretação exige prática, sensibilidade e abertura à intuição. Cada forma observada pode carregar múltiplos significados, que variam conforme o momento e o consulente. A seguir, você encontrará alguns dos símbolos mais comuns e seus possíveis significados:

- **Animais:** Representam forças instintivas, aliados espirituais ou desafios a vencer. Cada espécie traz uma mensagem única conectada à sua natureza simbólica.
  - **Borboleta:** Transformação, renascimento e leveza. Um novo amor ou uma nova fase de vida pode estar prestes a florescer. Também sugere libertação de padrões antigos.
  - **Cachorro:** Lealdade, proteção e confiança. Indica a presença de um amigo fiel ou a necessidade de confiar mais nas pessoas próximas.
  - **Pássaro:** Boas notícias, liberdade emocional e mensagens espirituais chegando. Pode representar também um guia espiritual ou a necessidade de se libertar de algo que aprisiona.
  - **Peixe:** Prosperidade, espiritualidade e sensibilidade. É sinal de abundância na vida material ou um despertar interior profundo.
  - **Serpente:** Sabedoria, cura e alerta. Pode indicar crescimento espiritual, mas também a necessidade de cautela diante de enganos ou falsidades.
- **Anel:** União ou compromisso se aproximando. Pode simbolizar casamento, alianças, parcerias duradouras ou renovação de votos.

- **Arco e Flecha:** Decisão certa à vista. Indica que você está pronto para agir com direção e propósito. Vá em frente com coragem.
- **Árvore:** Crescimento pessoal, enraizamento e conexão com a natureza ou com a ancestralidade. Também pode indicar saúde e prosperidade.
- **Balão:** Liberdade emocional ou necessidade de soltar o que pesa. Leveza e expansão de horizontes.
- **Barco:** Viagem, mudanças ou movimento emocional. Pode representar uma jornada espiritual ou mudança de rumo.
- **Caixa:** Surpresas à vista. Algo inesperado pode vir de alguém do passado – um reencontro ou uma revelação importante.
- **Caminhos ou Trilhas:** Decisões a tomar. Indicam encruzilhadas, transições ou mudanças iminentes na vida.
- **Casa:** Estabilidade, segurança ou foco nas questões familiares. Pode indicar mudanças no lar ou no ambiente íntimo.
- **Círculos:** Encerramento de ciclos, proteção espiritual ou começos promissores.
- **Coração:** Amor, emoções profundas, reconciliações ou novos vínculos afetivos. Fala da verdade emocional.
- **Colher:** Sinal de alerta. Indica possível traição ou falsidade. Preste atenção aos que se dizem próximos.
- **Cruz:** Provação espiritual, fé ou necessidade de conexão com o divino. Pode representar o fim de um sofrimento com propósito elevado.
- **Espiral:** Memórias, saudade ou situações recorrentes. Também pode representar crescimento espiritual em movimento ascendente.

- **Estrela:** Esperança, proteção espiritual e bênçãos que se aproximam. Um bom presságio para qualquer área da vida.
- **Ferradura:** Sorte, sucesso material e proteção espiritual. Indica ganhos inesperados ou boas oportunidades surgindo.
- **Flor:** Delicadeza, novos afetos e momentos de beleza. Também pode indicar fertilidade ou nascimento.
- **Linhas paralelas:** Leveza e equilíbrio emocional. Sinal de que é tempo de buscar diversão e bem-estar.
- **Linhas Retas:** Clareza, foco e decisões firmes. Um bom sinal para quem precisa tomar uma atitude objetiva.
- **Lua:** Intuição, mistério e fases emocionais. Pode apontar para algo oculto ou uma situação ainda em transformação.
- **Montanha:** Desafio com recompensa. Obstáculos à frente, mas com grandes aprendizados se superados.
- **Olho:** Proteção contra energias negativas, vigilância espiritual ou revelação de algo oculto.
- **Pontos Dispersos:** Energias fragmentadas, obstáculos ou questões mal resolvidas que exigem atenção.
- **Rosto Humano:** Interesse amoroso ou aproximação afetiva. Alguém deseja se revelar ou se reconectar.
- **Sol:** Felicidade, renovação e sucesso. Brilho pessoal e conquistas especialmente no campo afetivo ou profissional.
- **Triângulo:** Proteção divina, decisão importante ou crescimento espiritual. Pode representar também equilíbrio entre corpo, mente e espírito.

Lembre-se: o mesmo símbolo pode ter significados diferentes dependendo da pergunta, da vibração da pessoa ou da sensação percebida durante a leitura.

INTEGRAÇÃO COM RITUAIS E PRÁTICAS ESPIRITUAIS

A cafeomancia pode ser muito mais do que uma leitura pontual - ela pode ser um momento sagrado de conexão. Aqui, estão algumas sugestões para integrá-la aos seus rituais:

- **Ritual de Lua Nova:** Para iniciar novos ciclos, plantar intenções.
- **Ritual de Cura Emocional:** Em momentos de dor ou dúvida, usando a xícara como espelho do inconsciente.
- **Diário Oracular:** Registre cada leitura com data, intenção e símbolos identificados. Com o tempo, verá padrões e revelações.

CAFEOMANCIA E OUTROS ORÁCULOS

Durante uma leitura com a xícara, é comum surgirem símbolos similares aos de outros oráculos, como tarô, runas, numerologia ou animais de poder. Esses cruzamentos simbólicos enriquecem a interpretação e trazem profundidade às mensagens. A prática também pode ser inspirada por sonhos, estados meditativos ou sensações sutis - integrando múltiplas linguagens da alma.

A xícara torna-se, assim, um mapa intuitivo do momento presente, revelando aquilo que muitas vezes a mente não acessa. A cafeomancia é um convite à escuta profunda e à conexão com a sabedoria silenciosa que nos habita.

A arte de ler a borra de café não se trata apenas de prever o futuro, mas de reconhecer os sinais do agora, de acolher o que emerge do coração e do campo energético. É um caminho de autoconhecimento, em que cada leitura é uma conversa com o invisível.

HIDROMANCIA

Desde os tempos mais remotos, a humanidade reconhece a água como um dos elementos mais sagrados da Criação. Fonte de vida, renovação e purificação, ela também é considerada uma guardiã de mistérios, um véu fluido que separa o mundo visível do invisível. A hidromancia, arte ancestral de adivinhação pela água, convida o buscador a silenciar a mente e ouvir as respostas que fluem do profundo inconsciente e da espiritualidade superior.

A ORIGEM DA HIDROMANCIA

Praticada em civilizações como a babilônica, egípcia, grega e romana, a hidromancia era utilizada em templos e rituais como instrumento de comunicação com os deuses. Na Grécia Antiga, sacerdotisas mergulhavam em fontes sagradas para obter visões. Em tempos medievais, sábios e curandeiros consultavam caldeirões e poças em noites de lua cheia, buscando presságios e conselhos.

A água era, e ainda é, vista como um oráculo vivo – capaz de refletir não apenas rostos, mas também destinos.

QUANDO CONSULTAR A ÁGUA

A hidromancia pode ser usada em momentos de confusão emocional, dúvidas espirituais, tomada de decisões ou quando sentimos que a alma está em silêncio e deseja falar. Ela revela o que está oculto, trazendo mensagens do coração e do mundo invisível.

Perguntas frequentes para a prática:

- “*O que preciso compreender nesta fase da minha vida?*”
- “*Qual energia está influenciando essa situação?*”
- “*Como posso me curar interiormente?*”
- “*O que meu Eu Superior deseja me revelar agora?*”

COMO PRATICAR A HIDROMANCIA

Você pode iniciar essa prática com algo simples: uma tigela com água, uma vela acesa e um momento de silêncio profundo.

Materiais sugeridos:

- Recipiente de vidro ou cerâmica com água limpa
- Um cristal (quartzo transparente, ametista ou água-marinha)
- Vela branca, azul ou violeta
- Incenso de lavanda, mirra ou sândalo
- Um diário espiritual ou caderno de oráculos

MÉTODOS DE LEITURA

LEITURA COM A TAÇA
O ORÁCULO DAS ÁGUAS CRISTALINAS

Ideal para iniciantes ou praticantes intuitivos.

Passo a passo:

- ✧ 1. Monte o espaço sagrado com uma vela acesa, um incenso e a taça de vidro com água até a metade. Coloque no fundo da taça um cristal de quartzo transparente (clareza e intuição) ou ametista (visão espiritual e proteção).
- ✧ 2. Sente-se confortavelmente. Respire fundo e mentalize uma pergunta clara.
- ✧ 3. Fixe o olhar sobre a superfície da água. Você pode semicerrar ou fechar os olhos e ativar a visão interior.
- ✧ 4. Observe com o coração. Imagens, símbolos ou cores podem surgir – não force. Deixe que a água revele.
- ✧ 5. Ao final, agradeça, registre a experiência e devolva a água à terra ou a uma planta como forma de respeito.

LEITURA DE REFLEXOS

Observe como a luz dança sobre a superfície da água. Brilhos suaves indicam bênçãos e proteção. Formas que emergem podem conter mensagens arquetípicas: árvores, rostos, caminhos ou olhos.

LEITURA POR GOTAS OU PEDRAS

Pingue uma gota de óleo ou cera na água. Observe os desenhos que se formam. Jogue uma pedrinha e analise as ondas: suaves indicam fluidez; agitadas, tensões.

LEITURA SENSORIAL

Feche os olhos, aproxime as mãos da água e sinta sua vibração. Pergunte em silêncio o que precisa ser revelado. Permita que sua intuição o conduza.

INTERPRETAÇÃO DOS SINAIS

SINAL NA ÁGUA	SIGNIFICADO ESPIRITUAL
Água parada e clara	Verdade revelada, paz interior
Água turva	Emoções ocultas, confusão mental
Reflexos dourados/ luminosos	Presença espiritual, bênçãos, proteção
Ondas suaves	Equilíbrio, aceitação, fluxo divino
Sombra flutuante	Algo inconsciente emergindo, necessidade de atenção
Água vibrando levemente	Aproximação de uma energia sutil ou resposta espiritual

RITUAL COM LUA CHEIA
O ESPELHO DO CORAÇÃO

Para receber orientações profundas e fortalecer a intuição.

Materiais:

- ✶ Uma taça com água da fonte ou mineral
- ✶ Um cristal de quartzo
- ✶ Essência de lavanda
- ✶ Vela azul-clara
- ✶ Diário

Passo a passo:

1. À luz da lua (ou junto à janela), monte seu altar.
2. Pingue três gotas de lavanda na água e coloque o cristal no fundo da taça.
3. Acenda a vela e diga: "*Que a lua e as águas revelem o que preciso ver.*"
4. Silencie. Permita que imagens surjam. Registre com atenção.

DICAS ALQUÍMICAS PARA APROFUNDAR A HIDROMANCIA

* Beba mais água, tome banhos ritualísticos e consagre suas emoções à fluidez.
* Use a hidromancia junto a outros oráculos (runas, cartas, sonhos) para ampliar sua visão.
* **Trabalhe com fases da lua:**
    * Crescente para perguntas sobre crescimento.
    * Cheia para revelações.
    * Minguante para limpeza emocional.
    * Nova para recomeços.

CONCLUSÃO

A hidromancia é uma arte delicada, silenciosa, mas poderosa. A água não grita – ela sussurra. Reflete o que a alma quer dizer, mas não sabe como. É espelho, é oráculo, é caminho.

Se você aprender a ouvir as águas, a ler seus sinais com reverência e abertura, descobrirá que há dentro de você um oceano de sabedoria ancestral.

DIÁRIO DOS ORÁCULOS

O Diário dos Oráculos é um espaço sagrado para registrar suas conexões com o invisível. Através dele, você poderá anotar perguntas, tiragens, mensagens e interpretações recebidas por meio de oráculos. Este diário não é apenas um caderno de registros – é um espelho da alma em diálogo com o universo. Ao escrever suas experiências, você fortalece sua intuição, reconhece padrões e desenvolve uma relação profunda com os símbolos que se revelam.

✶ **Data da leitura:**

✶ **Hora:**

✶ **Fase da Lua (se desejar registrar):**

✶ **Oráculo utilizado:**

( ) Tarô ( ) Runas ( ) Pêndulo ( ) Cafeomancia ( ) Cristais ( ) Hidromancia ( ) Outros:

✶ **Pergunta feita ao oráculo (ou intenção da leitura):**

✶ **Cartas / símbolos / elementos tirados:**

✶ **Interpretação (intuitiva e simbólica):**

✶ O que essa mensagem me revela neste momento da vida?

✶ **Ação espiritual ou prática que posso realizar a partir dessa leitura:**

- ( ) Meditação sobre o símbolo principal
- ( ) Ritual de limpeza ou manifestação
- ( ) Anotar num altar ou mural pessoal
- ( ) Repetir uma afirmação ligada ao tema
- ( ) Outra:

✶ **Retornar a esta leitura em:**

(Use este campo se quiser revisar a tiragem no futuro para ver como ela se cumpriu ou evoluiu.)

ANOTAÇÕES

· PARTE 6 ·

ASTROLOGIA: A INFLUÊNCIA DOS PLANETAS E SIGNOS NA ALQUIMIA

A LINGUAGEM CÓSMICA DA ASTROLOGIA

Desde os primórdios, os alquimistas erguiam os olhos ao céu como quem decifra um livro sagrado escrito em estrelas. O compasso dos planetas, a dança silenciosa da lua e o sussurro das constelações sempre foram lidos como reflexos da ordem divina. A astrologia, nesse contexto, não é apenas um sistema simbólico – é um mapa vivo da alma, uma ponte luminosa entre o microcosmo e o macrocosmo.

A astrologia é a linguagem da Criação, o código oculto que revela a harmonia entre tudo o que vive. Assim como as marés seguem o chamado da lua e as sementes sabem a hora certa de brotar, nós também somos afetados, nutridos e guiados pelos ritmos do céu. Cada planeta é uma voz. Cada signo, um arquétipo. Cada trânsito, um convite para despertar.

Compreender os movimentos celestes é reconhecer que não estamos isolados do cosmos, mas que nossa essência vibra em ressonância com ele. Somos parte de uma sinfonia cósmica, em que cada acontecimento exterior reflete um processo interior. Quando alinhamos nossos rituais, escolhas e intenções ao pulsar do universo, ativamos uma força alquímica capaz de acelerar processos, expandir a consciência e transformar a realidade.

Cada planeta carrega uma vibração única, ligada a áreas específicas da vida e da alma. Conhecer essas forças celestes é essencial para escolher os melhores momentos e energias para rituais e práticas mágicas.

PLANETA	PALAVRA-CHAVE	ENERGIA ALQUÍMICA	REGENTE DE	DIA DA SEMANA
Sol	Essência	Vitalidade, brilho, identidade	Leão	Domingo
Lua	Emoção	Intuição, proteção, sentimentos	Câncer	Segunda-feira
Mercúrio	Comunicação	Clareza mental, eloquência, comércio	Gêmeos, Virgem	Quarta-feira
Vênus	Amor	Conexões, beleza, prazer	Touro, Libra	Sexta-feira
Marte	Ação	Força, coragem, libido	Áries, Escorpião	Terça-feira
Júpiter	Expansão	Abundância, fé, sabedoria	Sagitário, Peixes	Quinta-feira
Saturno	Estrutura	Disciplina, limite, foco	Capri-córnio	Sábado
Urano	Inovação	Liberdade, revolução, ruptura	Aquário	(Sábado)*
Netuno	Espiritualidade	Sonho, intuição, transcendência	Peixes	(Domingo)*
Plutão	Transformação	Morte, renas-cimento, poder oculto	Escorpião	(Terça-feira)*

*Nota: Por serem planetas transpessoais, Urano, Netuno e Plutão não possuem dias tradicionalmente associados à astrologia clássica. Entretanto, alguns alquimistas modernos os vinculam aos dias dos planetas tradicionais que compartilham afinidade vibracional.

OS SIGNOS DO ZODÍACO

Cada signo representa a qualidade da alma e uma chave energética. Trabalhar com eles é acessar doze arquétipos que se manifestam tanto em nosso mapa natal quanto nas influências temporais dos trânsitos planetários. São doze espelhos da consciência, doze caminhos para o despertar interior.

- ♈ Áries (21/03 a 19/04) - Coragem, ação, impulso (Fogo/cardinal)
- ♉ Touro (20/04 a 20/05) - Estabilidade, prazer, materialidade (Terra/fixo)
- ♊ Gêmeos (21/05 a 20/06) - Comunicação, versatilidade, curiosidade (Ar/mutável)
- ♋ Câncer (21/06 a 22/07) - Emoção, proteção, vínculo (Água/cardinal)
- ♌ Leão (23/07 a 22/08) - Criatividade, liderança, brilho (Fogo/fixo)
- ♍ Virgem (23/08 a 22/09) - Ordem, análise, serviço (Terra/mutável)
- ♎ Libra (23/09 a 22/10) - Harmonia, justiça, estética (Ar/cardinal)
- ♏ Escorpião (23/10 a 21/11) - Intensidade, poder, transformação (Água/fixo)
- ♐ Sagitário (22/11 a 21/12) - Liberdade, fé, expansão (Fogo/mutável)
- ♑ Capricórnio (22/12 a 19/01) - Responsabilidade, estrutura, ambição (Terra/cardinal)
- ♒ Aquário (20/01 a 18/02) - Inovação, coletividade, futuro (Ar/fixo)
- ♓ Peixes (19/02 a 20/03) - Espiritualidade, sonho, compaixão (Água/mutável)

CÚSPIDES, VARIAÇÕES E OS MISTÉRIOS DO CÉU

Se você já reparou que as datas dos signos variam de um livro para outro, saiba que isso não é um erro – é reflexo da própria dança do céu. O ingresso do Sol em cada signo não ocorre sempre no mesmo dia e horário, pois seu movimento aparente segue a eclíptica, que não se encaixa de forma exata no nosso calendário civil.

Por isso, em alguns anos, um signo começa no dia 20, em outros no dia 21 ou até no dia 22, dependendo dos ajustes do tempo celeste, como os anos bissextos.

Quando alguém nasce bem no limite entre dois signos, vive o que chamamos de cúspide – um portal energético em que dois arquétipos se encontram. Quem nasce nesse ponto carrega, além das características do signo solar confirmado no mapa, traços sensíveis do signo anterior.

A cúspide não anula o signo solar, mas colore sua expressão, trazendo uma natureza híbrida, nuances mais ricas e uma jornada de autoconhecimento ainda mais fascinante. Assim como os astros, somos também movimento, transição e reinvenção constante.

COMO PRATICAR A ASTROLOGIA

- **Ritmos Cósmicos:** Utilize as fases da lua e os trânsitos dos planetas para escolher os melhores dias para seus rituais. Por exemplo, faça rituais de prosperidade quando a lua estiver em Touro ou em conjunção com Júpiter.
- **Intenção Astrológica:** Cada signo favorece determinados tipos de rituais. Use Peixes para práticas espirituais, Leão para autoestima, Capricórnio para disciplina.
- **Amuletos Zodiacais:** Crie talismãs com pedras e símbolos planetários, ativando-os nos dias correspondentes. Um amuleto de amor pode ser consagrado em uma sexta-feira com Vênus forte.

- ✶ **Meditações Planetárias:** Visualize a luz de cada planeta e sua influência, sintonizando com seus atributos. Durante um eclipse, por exemplo, medite para liberar padrões antigos.
- ✶ **Diário Astrológico:** Anote as fases da lua, os trânsitos e suas experiências para descobrir como cada energia afeta você. Isso afina sua percepção alquímica.

RITUAIS POR SIGNO E PLANETA

A seguir, estão os rituais alquímicos conectados aos 12 signos e seus regentes planetários. Para todos os rituais, siga este passo a passo básico:

PASSO A PASSO PARA A ALQUIMIA ASTROLÓGICA

1. Prepare um espaço sagrado, purifique com ervas ou incenso.
2. Acenda a vela correspondente ao signo ou planeta.
3. Aplique óleo essencial em você ou na vela, consagrando sua intenção.
4. Posicione o cristal e os elementos mágicos escolhidos.
5. Escreva sua intenção no papel com atenção plena.
6. Visualize a energia desejada se manifestando em sua vida.
7. Recite seu decreto, oração ou mantra.
8. Guarde o papel em um local especial (altar, pote de intenções, envelope mágico), queime-o ao final se o ritual for de liberação ou enterre-o sob uma planta ou em solo fértil para simbolizar crescimento.
9. Finalize com gratidão, deixando a vela queimar por no mínimo trinta minutos em segurança.

RITUAIS COM OS SIGNOS E OS ASTROS

Cada signo é um portal energético, um arquétipo que habita em nós e no cosmos. Ao trabalhar com seus regentes planetários, acessamos forças que ativam, curam e transformam nossa vida.

Esses rituais alinham cristais, ervas, aromas e decretos à energia de cada signo, permitindo que você manifeste coragem, amor, prosperidade, proteção, clareza ou expansão – conforme sua necessidade, o trânsito astrológico ou o chamado da sua intuição.

ÁRIES & MARTE
RITUAL DE CORAGEM E AÇÃO

Energia arquetípica: impulso vital, determinação, força para começar

Cristal: Jaspe vermelho ou granada

Erva: Aroeira ou espada-de-ogum

Óleo essencial: Canela ou gengibre

Decreto: "*Invoco o fogo sagrado da ação. Que minha coragem desperte, que o medo se transforme em movimento e que meu caminho se abra com força e direção. Eu ajo com presença e poder.*"

TOURO & VÊNUS
RITUAL DE PROSPERIDADE E ESTABILIDADE

Energia arquetípica: segurança, prazer, beleza material

Cristal: Quartzo verde ou esmeralda

Erva: Manjericão ou camomila

Óleo essencial: Rosa ou patchouli

Decreto: "*Que a energia da abundância floresça em minha vida. Acolho a estabilidade, o prazer e o valor do que construo. Estou enraizado na Terra e aberto para receber.*"

GÊMEOS & MERCÚRIO
RITUAL DE COMUNICAÇÃO E CLAREZA MENTAL

Energia arquetípica: mente ágil, expressão, aprendizado

Cristal: Ágata azul ou citrino

Erva: Hortelã ou erva-doce

Óleo essencial: Limão ou eucalipto

Decreto: "*Minha mente é clara, minhas palavras são luz. Expresso o que sinto com sabedoria e escuto com o coração aberto.*"

CÂNCER & LUA
RITUAL DE INTUIÇÃO E PROTEÇÃO EMOCIONAL

Energia arquetípica: acolhimento, vínculo, sensibilidade

Cristal: Pedra da lua ou quartzo leitoso

Erva: Lavanda ou sálvia

Óleo essencial: Camomila ou sândalo

Decreto: "*Acolho minhas emoções com ternura. Minha intuição é guia, minha casa interior é templo de paz e proteção.*"

LEÃO & SOL
RITUAL DE AUTOEXPRESSÃO E BRILHO PESSOAL

Energia arquetípica: liderança, criatividade, confiança

Cristal: Olho de tigre ou citrino

Erva: Girassol ou alecrim

Óleo essencial: Laranja doce ou bergamota

Decreto: "*Sou luz em expansão. Irradio minha verdade com coragem e brilho, guiado pela força do meu coração.*"

VIRGEM & MERCÚRIO

RITUAL DE ORDEM E CURA INTERIOR

Energia arquetípica: clareza, análise, serviço

Cristal: Amazonita ou quartzo verde

Erva: Erva-cidreira ou anis-estrelado

Óleo essencial: Lavanda ou *tea tree*

Decreto: "*Organizo minha vida com sabedoria e zelo. Cada detalhe é sagrado. Minha cura começa na harmonia entre mente e ação.*"

LIBRA & VÊNUS

RITUAL DE AMOR E HARMONIA NOS RELACIONAMENTOS

Energia arquetípica: beleza, diplomacia, parceria
Cristal: Quartzo rosa ou aventurina
Erva: Jasmim ou rosa branca
Óleo essencial: Ylang ylang ou gerânio
Decreto: "*Sou fonte de amor e equilíbrio. Cultivo relacionamentos justos e harmoniosos, com leveza e verdade.*"

ESCORPIÃO & PLUTÃO

RITUAL DE TRANSMUTAÇÃO E PODER INTERIOR

Energia arquetípica: profundidade, regeneração, mistério
Cristal: Obsidiana ou turmalina negra
Erva: Arruda ou tipi
Óleo essencial: Patchouli ou cravo
Decreto: "*Atravesso minhas sombras com coragem. Cada parte que morre em mim abre espaço para o renascimento da alma.*"

SAGITÁRIO & JÚPITER

RITUAL DE EXPANSÃO E SABEDORIA

Energia arquetípica: fé, liberdade, conhecimento
Cristal: Ametista ou sodalita
Erva: Sálvia ou louro
Óleo essencial: Limão ou alecrim
Decreto: "*A verdade me guia. Confio na jornada, me abro ao novo e permito que o universo me expanda com alegria.*"

CAPRICÓRNIO & SATURNO

RITUAL DE ESTRUTURA E PROPÓSITO

Energia arquetípica: responsabilidade, realização, limite
Cristal: Ônix ou hematita
Erva: Eucalipto ou arruda
Óleo essencial: Cedro ou olíbano
Decreto: "*Construo com firmeza. Minha disciplina é templo no qual o tempo e o propósito se encontram. Eu persevero com sabedoria.*"

AQUÁRIO & URANO

RITUAL DE INOVAÇÃO E LIBERDADE

Energia arquetípica: originalidade, visão, transformação coletiva
Cristal: Fluorita ou água-marinha
Erva: Alecrim ou lavanda
Óleo essencial: Eucalipto ou citronela
Decreto: "*Sou mente livre e criadora. Rompo padrões, abro caminhos, manifesto o novo com consciência e luz.*"

PEIXES & NETUNO

RITUAL DE INTUIÇÃO E UNIÃO ESPIRITUAL

Energia arquetípica: compaixão, sensibilidade, transcendência
Cristal: Ametista ou selenita
Erva: Melissa ou jasmim
Óleo essencial: Lavanda ou rosa
Decreto: "*Entrego-me ao fluxo divino. Minha alma é um oceano de sabedoria e amor. Eu me uno ao todo com confiança e paz.*"

RITUAIS ESPECÍFICOS

RITUAL SOLAR DE PROSPERIDADE

O PORTAL DO ECLIPSE

Quando realizar: Durante um eclipse solar, especialmente na lua nova.
Finalidade: Atrair prosperidade, abrir caminhos e manifestar expansão em todas as áreas da vida.
Energia do Portal: O eclipse solar une a força do sol - consciência, vida e expansão - com o mistério da lua nova - semeadura e novos começos. Um portal de reinício e grande poder de manifestação.

Materiais:

- Vela amarela
- Citrino e pirita
- Ervas: canela, manjericão e cravo-da-índia
- Incenso de prosperidade (opcional)
- Papel e caneta

Passo a Passo:

1. Prepare um altar com a vela no centro, os cristais ao redor e as ervas formando um círculo ou dispostas como preferir.
2. Acenda o incenso e a vela, respirando profundamente.
3. Escreva no papel seus desejos de prosperidade, com clareza e gratidão.
4. Segure os cristais nas mãos, visualize um campo dourado envolvendo seu corpo e sua vida, irradiando abundância.
5. Declare em voz alta:

   "*Na luz deste eclipse, planto sementes de prosperidade. Que minha vida floresça com equilíbrio, alegria e abundância.*"

6. Medite por alguns minutos, visualizando sua vida próspera e realizada.
7. Ao finalizar, agradeça aos elementos, ao sol, à lua e ao universo.
8. Deixe a vela queimar até o fim ou apague com reverência.
9. Leve as ervas e, se desejar, uma moeda como oferenda a um jardim ou local natural.

◇ **Selamento:** "*Assim é, assim será. Que a abundância que vibro floresça em minha realidade.*"

RITUAL DA LUA CHEIA

Quando realizar: Durante a lua cheia, especialmente em signos de Água.

Finalidade: Despertar e expandir os canais intuitivos, fortalecer a conexão espiritual.

Energia do Portal: A lua cheia ilumina o invisível e torna o sutil mais acessível. É um momento de revelação e clímax energético.

Materiais:

- ✶ Velas brancas (formando um círculo)
- ✶ Ametista, quartzo leitoso e labradorita
- ✶ Incenso de mirra ou jasmim
- ✶ Papel e caneta
- ✶ Copo com água

Passo a Passo:

1. Prepare um círculo com as velas e os cristais.
2. Acenda o incenso e sente-se ou deite-se confortavelmente.
3. Invoque: "*Lua cheia de sabedoria, ilumina os véus que ainda me cegam. Abre-me as portas da visão espiritual.*"
4. Visualize uma luz prateada envolvendo sua cabeça e descendo até o coração.
5. Anote qualquer visão, intuição ou sensação recebida.
6. Finalize com uma prece de gratidão e beba a água consagrada.

◈ **Selamento**: "*Que minha visão espiritual se expanda e que a luz da lua guie meu caminho.*"

RITUAL DE MERCÚRIO RETRÓGRADO

Quando realizar: Durante Mercúrio retrógrado.
Finalidade: Limpar bloqueios na comunicação e curar mal-entendidos.
Energia do Portal: Mercúrio retrógrado convida à revisão, reavaliação e cura dos modos de pensar, falar e ouvir.

Materiais:

- ✶ Vela azul
- ✶ Copo com água e sal
- ✶ Jaspe azul, ágata azul ou sodalita
- ✶ Papel e caneta
- ✶ Chá de hortelã

Passo a Passo:

1. Acenda a vela e prepare o copo com água e sal ao lado.
2. Escreva no papel tudo o que deseja desfazer na comunicação.
3. Leia em voz alta.
4. Toque sua garganta, dizendo: "*Que Mercúrio abençoe minha voz e purifique minha palavra. Que minhas mensagens sejam luz e meus silêncios, cura.*"
5. Queime o papel e descarte a água em água corrente.
6. Tome o chá de hortelã e escreva uma nova intenção para sua comunicação.

◈ **Selamento:** "*Que minha palavra seja ponte, luz e verdade em meu caminho.*"

RITUAL DE VÊNUS EM LIBRA

Quando realizar: Durante o trânsito de Vênus por Libra.
Finalidade: Harmonizar relações, curar feridas afetivas e restaurar o equilíbrio.
Energia do Portal: Vênus em Libra convida à beleza, ao amor justo e ao refinamento das conexões.

Materiais:

- Vela rosa
- Rosas brancas ou cor-de-rosa
- Espelho
- Papel e caneta

Passo a Passo:

1. Monte um altar com a vela, as rosas e o espelho.
2. Escreva uma carta para si, oferecendo acolhimento e perdão.
3. Escreva uma carta para alguém com quem deseja se harmonizar (não precisa enviar).
4. Leia ambas as cartas em voz alta, diante do espelho.
5. Afirme: "*Vênus sagrada, harmoniza meu coração com o da outra alma. Que o amor seja meu guia, e o perdão, minha cura.*"
6. Guarde ou queime as cartas, conforme sua intuição.

◈ **Selamento:** "*Que a harmonia, o amor e o perdão sejam as flores que crescem em meu jardim interior.*"

RITUAL DE MARTE RETRÓGRADO

Quando realizar: Durante Marte retrógrado.
Finalidade: Transmutar raiva, frustração e impulsividade em coragem e ação consciente.
Energia do Portal: Marte retrógrado pede pausa antes da ação. Ele revela padrões de agressividade e ensina a transformar guerra interna em força evolutiva.

Materiais:

- ✶ Vela vermelha
- ✶ Ramo de alecrim seco
- ✶ Jaspe vermelho ou hematita
- ✶ Papel e caneta

Passo a Passo:

1. Acenda a vela e queime o alecrim para purificar o ambiente.
2. Escreva no papel o que deseja liberar: mágoas, raiva, impulsos.
3. Afirme: "*Que o fogo do sagrado Marte transforme minha raiva em força, minha impulsividade em consciência, minha dor em sabedoria.*"
4. Queime o papel em recipiente seguro.
5. Medite segurando o cristal.
6. Finalize com um banho de sal grosso, louro e lavanda.

◈ **Selamento:** "*Que minha força interior floresça, guiada pela luz da consciência.*"

RITUAL DE JÚPITER EM TRÂNSITO

Quando realizar: Durante trânsitos fortes de Júpiter (conjunções, trígonos, sextis) ou em quintas-feiras de lua crescente ou cheia.
Finalidade: Ativar expansão, abundância, fé, crescimento espiritual, oportunidades e expansão material.
Energia do Portal: Júpiter é o grande benéfico, senhor da expansão, da sorte, dos mestres e dos horizontes. Seu trânsito abre portais de crescimento, prosperidade e conexão com a sabedoria divina.

Materiais:

- Vela azul, roxa ou dourada
- Ametista, sodalita ou olho de tigre
- Ervas: louro, sálvia e manjericão
- Incenso de mirra, benjoim ou canela
- Papel e caneta

Passo a Passo:

1. Prepare seu altar com a vela no centro, rodeada pelos cristais e pelas folhas de louro e manjericão.
2. Acenda o incenso e a vela, inspirando profundamente.
3. Escreva seus pedidos de expansão: prosperidade, sabedoria, crescimento espiritual, viagens, estudos, oportunidades.
4. Segure os cristais nas mãos e visualize um campo de luz azul e dourado se formando ao seu redor, expandindo para além dos limites.
5. Diga em voz alta: "*Pelas bênçãos de Júpiter, que minha vida se expanda em luz, prosperidade, sabedoria e alegria. Que meu caminho se abra, que a abundância e as oportunidades fluam até mim, e que minha jornada seja guiada pela fé e pela verdade.*"

6. Medite alguns minutos, sentindo sua vida crescendo, seus sonhos se manifestando e sua alma se fortalecendo.
7. Ao finalizar, queime as folhas de louro (em recipiente seguro) como selamento dos pedidos ou guarde-as no altar.
8. Agradeça e permita que a vela queime até o fim, se possível.

◇ **Selamento:** "*Assim é, assim será. Que a expansão, a sorte e a sabedoria divina guiem e abençoem meus caminhos.*"

RITUAL DE SATURNO EM TRÂNSITO

Quando realizar: Durante trânsitos importantes de Saturno (conjunções, trígonos, sextis) ou aos sábados, especialmente em fases de lua crescente ou cheia.
Finalidade: Fortalecer disciplina, estrutura, foco, maturidade, responsabilidade e concretização de objetivos.
Energia do Portal: Saturno é o mestre do tempo, da disciplina, dos limites e das estruturas sólidas. Trabalhar com sua energia é firmar compromissos com sua evolução, seus projetos e sua missão.

Materiais:

- Vela preta, cinza ou marrom
- Ônix, hematita ou quartzo fumê
- Ervas: alecrim, arruda e eucalipto
- Incenso de olíbano, mirra ou sândalo
- Papel e caneta

Passo a Passo:

1. Prepare um altar simples, minimalista e organizado – honrando a energia saturnina. Coloque a vela ao centro, os cristais e as ervas ao redor.

2. Acenda o incenso e a vela, respirando profundamente.
3. Escreva no papel os compromissos que você assume com sua vida: disciplina, foco, projetos, autocuidado, missão, propósito.
4. Segure os cristais nas mãos e visualize uma malha de luz cinza-prateada, sólida, firme, envolvendo seu corpo, sua mente e seus projetos, protegendo e sustentando tudo aquilo que é verdadeiro.
5. Declare: "*Pelo sagrado poder de Saturno, eu firmo minhas raízes, estruturo meus caminhos e assumo minha missão. Que minha disciplina seja templo, que minha força sustente meus sonhos e que o tempo trabalhe a meu favor, na construção de tudo aquilo que é duradouro e verdadeiro.*"
6. Medite por alguns minutos, sentindo-se alinhado, forte e centrado.
7. Ao finalizar, queime um ramo de alecrim ou arruda como selamento, limpando qualquer resistência interna.
8. Deixe a vela queimar até o fim ou apague com reverência, mantendo o cristal no seu altar ou carregando com você.

Selamento: "*Que o tempo seja meu aliado, que a disciplina seja meu templo e que a realização floresça em minha vida.*"

RITUAL DE URANO EM TRÂNSITO

Quando realizar: Durante trânsitos fortes de Urano (conjunções, trígonos, sextis) ou em momentos em que você sentir necessidade de libertação, mudança e despertar.

Finalidade: Romper padrões limitantes, ativar inovação, autenticidade, liberdade e conexão com o futuro.

Energia do Portal: Urano é o planeta da revolução, das quebras, dos *insights* e da libertação. Trabalhar com sua energia é abrir-se para o inesperado, para o novo e para o salto quântico da alma.

Materiais:

- Vela azul-clara, prata ou branca
- Fluorita, ametista ou água-marinha
- Ervas: alecrim, hortelã e lavanda
- Incenso de eucalipto, citronela ou cânfora
- Papel e caneta

Passo a Passo:

1. Monte seu altar com a vela ao centro, os cristais e as ervas ao redor, trazendo leveza e clareza visual.
2. Acenda o incenso e a vela. Respire profundamente, abrindo espaço interno para o novo.
3. Escreva no papel os padrões, os medos ou as limitações que deseja quebrar, bem como as novas realidades que deseja manifestar.
4. Segure os cristais nas mãos e visualize uma espiral de luz azul-clara envolvendo seu campo, rompendo bloqueios e ativando sua liberdade.
5. Diga em voz alta: "*Pela força de Urano, rompo os padrões que me aprisionam. Liberto minha mente, abro meus caminhos e manifesto o novo em minha vida. Eu sou livre para ser quem sou.*"
6. Medite alguns minutos, sentindo-se leve, livre, conectado ao seu futuro e ao seu verdadeiro eu.
7. Queime o papel (se desejar) ou guarde no altar como lembrete do novo ciclo.
8. Deixe a vela queimar até o fim ou apague com reverência.

◇ **Selamento:** "*Que minha liberdade se manifeste, que minha verdade floresça e que meu caminho se alinhe ao novo.*"

RITUAL DE NETUNO EM TRÂNSITO

Quando realizar: Durante trânsitos fortes de Netuno (conjunções, trígonos, sextis) ou em luas cheias, especialmente em signos de Água, ou quando desejar abrir portais espirituais e despertar a intuição.
Finalidade: Expandir a intuição, ativar dons espirituais, conexão com sonhos, inspirações e abertura dos canais sutis.
Energia do Portal: Netuno é o planeta dos sonhos, da espiritualidade, da sensibilidade e da conexão com planos elevados. Trabalhar com sua energia é abrir-se ao invisível, ao sagrado e ao ilimitado.

Materiais:

- Vela lilás, azul-clara ou branca
- Ametista, selenita ou quartzo leitoso
- Ervas: jasmim, melissa e lavanda
- Incenso de mirra, sândalo ou palo santo
- Taça com água (como portal elementar)

Passo a Passo:

1. Prepare seu altar com a vela, os cristais, as ervas e a taça de água ao centro (representando o portal espiritual).
2. Acenda o incenso e a vela, criando um campo de paz, silêncio e receptividade.
3. Segure os cristais nas mãos, respire profundamente e feche os olhos.
4. Visualize uma névoa suave de luz lilás e azul envolvendo você, como se Netuno trouxesse um manto de proteção, inspiração e conexão espiritual.

5. Diga em voz alta: "*Pelo poder de Netuno, abro meus canais de luz. Que minha intuição se expanda, que meus dons espirituais despertem e que minha alma se conecte ao sagrado, aos mestres e à sabedoria universal.*"
6. Fique alguns minutos em meditação, receptivo às mensagens, imagens ou sensações que chegarem.
7. Beba a água da taça como selamento, absorvendo a energia do ritual.
8. Agradeça e deixe a vela queimar até o fim, se possível, ou apague com reverência.

◇ **Selamento:** "*Que minha alma navegue nas águas da sabedoria divina. Eu me conecto, eu recebo, eu confio.*"

RITUAL DE PLUTÃO EM TRÂNSITO

Quando realizar: Durante trânsitos intensos de Plutão (conjunções, quadraturas, oposições) ou quando sentir necessidade de transformação profunda, libertação de sombras, cura cármica e renascimento.

Finalidade: Liberar padrões antigos, romper com amarras inconscientes, transformar sombras em luz e ativar o verdadeiro poder pessoal.

Energia do Portal: Plutão é o senhor da morte simbólica, da regeneração e da transmutação. Ele conduz ao submundo da alma para que possamos emergir mais conscientes, livres e fortalecidos.

Materiais:

- Vela preta, roxa ou vinho
- Obsidiana, turmalina negra ou ônix
- Ervas: arruda, mirra e louro
- Incenso de mirra, olíbano ou palo santo
- Papel e caneta

Passo a Passo:

1. Em solitude, prepare um altar com a vela, os cristais e as ervas. Crie um ambiente silencioso e seguro.
2. Acenda o incenso e a vela. Respire fundo, chamando sua força interior.
3. Escreva no papel tudo aquilo que você está pronto para deixar morrer: padrões, medos, vínculos tóxicos, traumas, crenças limitantes.
4. Segure o cristal nas mãos e visualize uma luz negra que o envolve, transmutando toda energia densa em força, consciência e poder.
5. Declare com firmeza: "*Pelo poder de Plutão, eu desço às minhas sombras para delas renascer. Que tudo aquilo que não me serve se desfaça. Que das cinzas eu me reconstrua mais forte, mais livre, mais inteiro.*"
6. Queime o papel em um recipiente seguro, como ato simbólico da morte do velho.
7. Tome um banho de limpeza com arruda e louro para selar a purificação.
8. Permaneça alguns minutos em silêncio, sentindo o espaço interno se renovando.
9. Deixe a vela queimar até o fim, se possível, ou apague com reverência.

◈ **Selamento:** "*Tudo aquilo que me aprisionava se desfaz nas chamas da transmutação. Renasço livre e consciente. Que meu poder floresça na luz.*"

Os rituais apresentados aqui são mapas sagrados, portais alquímicos desenhados a partir dos arquétipos planetários. No entanto, o verdadeiro poder está em compreender que cada prática pode – e deve – ser adaptada aos movimentos do céu e às necessidades do momento. O mapa astrológico vigente, seja coletivo ou pessoal, revela quais energias estão mais ativas, quais planetas pedem atenção e quais portais se abrem. Assim, é possível combinar forças, intensificar intenções e criar rituais únicos, alinhados tanto ao cosmos quanto à sua jornada interior.

O céu é um laboratório vivo, e você, alquimista, é quem escolhe os ingredientes, as chaves e as direções. Uma conjunção, um eclipse, uma quadratura ou um trígono não são apenas movimentos celestes – são convites do universo para acessar curas, ativações e expansões. Permita-se sentir, combinar, experimentar. Que sua prática seja uma ponte entre o visível e o invisível, e que sua alma siga em constante sintonia com o ciclo eterno de transformação, liberdade e manifestação.

DIÁRIO ASTROLÓGICO

Este diário é um convite à escuta do cosmos e ao diálogo com o seu universo interior. A cada dia, registre os trânsitos astrológicos, suas sensações, sonhos, sincronicidades e intuições. Use esse momento como um ritual de autoconhecimento.

INFORMAÇÕES DO DIA

✶ **Data:**

✶ **Signo Solar do Dia:**

✶ **Fase da Lua:**

✶ **Signo da Lua:**

- **Trânsitos Relevantes (se houver):**

___

(Ex: Vênus em conjunção com Netuno, Mercúrio retrógrado em Touro...)

- **Aspecto dominante do céu (oposição, conjunção, trígono, quadratura):**

___

ESTADO DO MEU CORPO E ESPÍRITO

- **Como me sinto fisicamente hoje?**

___

- **Meu estado emocional em poucas palavras:**

___

- **Sonhos da noite passada (se lembrar):**

___

___

___

___

___

___

___

___

___

✶ **Alguma intuição ou sinal que percebi hoje?**

____

____

____

✶ **Mensagem do Céu para Mim Hoje:**

____

____

____

(Aqui você pode tirar uma carta de tarô, uma runa, um símbolo ou simplesmente escrever o que o Céu inspira em sua alma hoje.)

✶ **Mensagem canalizada:**

____

____

____

____

____

____

____

____

____

____

____

____

REFLEXÕES DO DIA

- ✶ O que o Céu está me ensinando neste momento?

___

___

- ✶ Onde posso aplicar mais consciência hoje?

___

___

- ✶ Que parte de mim está sendo chamada a evoluir?

___

___

- ✶ Qual é a minha prece ou decreto para hoje?

___

___

AFIRMAÇÃO POSITIVA: RITUAL OU AÇÃO ALINHADA COM O CÉU

- ✶ **Ritual do dia (sugestão):**

___

(Exemplo: banho com ervas, acender uma vela, meditação guiada, escrever uma carta de liberação, consagrar um cristal...)

- ✶ **Ervas, cristais ou cores favoráveis para hoje:**

___

(De acordo com o signo lunar, os trânsitos e sua intuição.)

GRATIDÃO CÓSMICA

✶ **Três coisas pelas quais sou grato hoje:**

1. ______________________________

2. ______________________________

3. ______________________________

FINALIZAÇÃO COM INTENÇÃO

✶ Traga à mente tudo o que foi despertado em sua alma durante esta prática alquímica – memórias, saberes, intuições.

✶ Permita que a energia da alquimia que você reconectou aqui se assente em seu coração.

E então, com intenção clara e espírito presente, declare:

____

____

____

____

____

____

____

____

____

____

____

ANOTAÇÕES

· PARTE 7 ·

DECRETOS E MANIFESTAÇÕES AS CHAVES DA ALQUIMIA SAGRADA

O PODER DOS DECRETOS ALQUÍMICOS

Desde os tempos antigos, mestres, curandeiros, xamãs e magos reconheciam o poder das palavras como instrumentos de criação. Decretar é mais do que falar: é proclamar uma verdade interior, declarar ao Universo aquilo que já pulsa dentro da alma.

Na alquimia ancestral, os decretos, as orações e os mantras são como chaves vibracionais que abrem portais internos e externos. Eles purificam a mente, alinham o coração e sintonizam o corpo com os campos mais sutis da Criação.

Cada palavra proferida com fé, cada frase recitada com intenção amorosa, é um fio de luz costurado entre o Céu e a Terra. E, neste capítulo, você aprenderá a usar esse poder com consciência, beleza e propósito.

Um decreto alquímico é uma afirmação consciente, espiritual e vibracional, direcionada à manifestação de uma intenção elevada. Ele não é um pedido – é uma declaração. Ao decretar, você afirma como criador e coautor da sua realidade, acessando campos de energia que respondem à vibração da sua palavra.

OS DECRETOS ATUAM COMO:

- ✶ Comandos energéticos
- ✶ Ritmos de manifestação
- ✶ Espelhos da alma
- ✶ Escudos espirituais
- ✶ Pontes entre mundos

COMO UTILIZAR OS DECRETOS COM PROPÓSITO

1. Preparação do Campo

Crie um espaço sagrado. Pode ser com uma vela, um incenso, um cristal ou apenas o silêncio. A sacralidade não está na complexidade, mas na presença.

2. Conexão com o Coração

Antes de falar, sinta. Respire profundamente. Leve a mão ao coração. Pergunte-se:

"*O que desejo transformar? O que desejo atrair? O que desejo libertar?*"

3. Recitação com Intenção

Fale em voz alta. Com firmeza e doçura. Com fé. Imagine as palavras criando uma aura dourada ao seu redor.

4. Visualização

Veja com os olhos da alma. Visualize a manifestação acontecendo. Veja-se saudável, abundante, protegido, liberto.

5. Fechamento com Gratidão

Agradeça. Confie. Saiba que, ao decretar com fé, o invisível já começou a se mover.

DECRETOS POR INTENÇÃO

A seguir, os decretos são reorganizados em blocos de intenção alquímica. Você pode recitá-los em voz alta, copiá-los em seu altar, integrá-los a rituais ou incluí-los no seu Diário de Práticas.

PARA PROSPERIDADE

"*Eu abro as portas da abundância divina.*
Tudo o que desejo se manifesta com graça e leveza.
Estou pronto para receber. Confio. Agradeço. Recebo."

PARA ATRAÇÃO DE RIQUEZA

"*Invoco a energia dourada da riqueza.*
Sou fonte, sou canal, sou bênção.
Recebo e compartilho com sabedoria.
A prosperidade me envolve e me sustenta."

PARA OPORTUNIDADES

"*Vejo as oportunidades surgindo em cada esquina do tempo.*
Minha mente está desperta, meu coração está aberto.
Eu ajo com coragem e recebo com confiança.
Tudo coopera com o meu florescimento."

PARA SUCESSO NOS NEGÓCIOS

"*Invoco a luz do sucesso para iluminar meus empreendimentos.*
Cada decisão é guiada pela sabedoria divina.
Trabalho com propósito, ajo com verdade, prospero com justiça."

CONTRA MAU-OLHADO E INVEJA

"Que toda energia lançada contra mim retorne à origem, purificada em luz.
Nenhum mal me atinge, pois sou revestido pela luz do Altíssimo.
Meu caminho é protegido, meu corpo é templo, minha alma é livre."

CONTRA ENERGIAS RUINS

"Com os ventos dos céus e a força da Terra, eu limpo meu campo.
A sombra se dissipa, a luz permanece.
Nada me prende, tudo flui.
A proteção divina me envolve como um manto."

PARA ALÍVIO DE DORES

"Luz do universo, penetre meu corpo.
Desfaça as dores, dissolva os nós.
Meu corpo é templo curado pela vibração da paz.
Que a harmonia se instale. Que a dor parta. Que a luz reine."

DECRETOS DE INTEGRAÇÃO COM DIVINDADES E MENTORES ESPIRITUAIS

Você pode somar os decretos às invocações, às orações de poder ou aos rituais de conexão espiritual. Eles funcionam como gatilhos de sintonia, potencializando pedidos, agradecimentos ou processos de cura energética e despertar da alma.

A seguir, apresentamos alguns exemplos práticos para integrar ao seu livro de rituais pessoais ou às suas práticas com velas, cristais, plantas sagradas e meditações guiadas.

RITUAL COM ARCANJO MIGUEL

PROTEÇÃO, CORAGEM E JUSTIÇA

Elementos sugeridos:

- ✶ Vela azul
- ✶ Incenso de olíbano
- ✶ **Cristal:** Cianita azul
- ✶ **Decreto:**

"Arcanjo Miguel, Guardião Celestial,
Corta com tua espada os laços que me aprisionam.
Remove os véus da ilusão e ilumina meus caminhos com tua verdade divina.
Eu me abro à coragem, à proteção e à justiça.
Recebo agora o que me pertence por merecimento da alma e missão de luz."

RITUAL COM GANESHA

ABERTURA DE CAMINHOS E PROSPERIDADE

Elementos sugeridos:

- ✶ Vela laranja ou dourada
- ✶ **Cristal:** citrino ou olho de tigre
- ✶ **Oferendas:** frutas doces ou flores
- ✶ **Decreto:**

"Ganesha, Senhor dos Caminhos e das Soluções,
Com tua sabedoria, remove os obstáculos visíveis e invisíveis da minha vida.
Abre as portas da prosperidade, da saúde e da alegria.
Com tua força divina, varre as ilusões e guia meus passos com firmeza.
Eu recebo com honra, leveza e gratidão
Tudo aquilo que me é destinado pelo Dharma e pelo Amor Divino."

RITUAL COM PALAS ATHENA
SABEDORIA, VERDADE E JUSTIÇA

Elementos sugeridos:

- ✶ Vela violeta ou branca
- ✶ **Cristal:** ametista ou sodalita
- ✶ **Incenso:** mirra ou lavanda
- ✶ **Decreto:**

"Palas Athena, Senhora da Lança de Luz,
Filha da verdade eterna e guardiã da justiça divina,
Invoco tua presença agora!
Ergue tua espada sobre meus pensamentos
E corta os laços da ilusão e da dúvida.
Reveste-me com tua armadura de sabedoria,
Para que eu fale, pense e aja com integridade.
Abre meus olhos para a luz da verdade,
E que eu caminhe com coragem pelo caminho da retidão.
Eu aceito tua orientação, tua proteção e tua clareza.
Que a verdade seja minha aliada. Que assim seja."

RITUAL COM ARCANJO RAFAEL
CURA E EQUILÍBRIO INTERIOR

Elementos sugeridos:

- ✶ Vela verde ou branca
- ✶ **Cristal:** quartzo verde ou esmeralda
- ✶ **Plantas:** alecrim, hortelã ou eucalipto
- ✶ **Decreto:**

"Arcanjo Rafael, médico divino,
Cura celestial das dores visíveis e invisíveis,

Eu te invoco com humildade e confiança.
Toca meu corpo com tuas mãos de luz,
Purifica meu coração com teu bálsamo sagrado,
E restaura em minha alma o equilíbrio perfeito da Criação.
Conduze-me ao reencontro com a saúde integral –
Física, emocional, mental e espiritual.
Leva para longe todo veneno, toda doença, toda mágoa,
E traz de volta a leveza, a paz e a vitalidade.
Eu recebo tua cura com gratidão e fé.
Que tua luz verde esmeralda me envolva agora e sempre."

RITUAL COM ARCANJO GABRIEL

CLAREZA, COMUNICAÇÃO E RENASCIMENTO

Elementos sugeridos:

- Vela branca ou prateada
- **Cristal:** pedra da lua ou quartzo transparente
- **Ervas ou aromas:** jasmim, lírio ou lavanda
- **Decreto:**

"*Arcanjo Gabriel, mensageiro da luz divina,*
Sopro sagrado da verdade e da revelação,
Eu te invoco com o coração aberto e receptivo.

Purifica minha mente das confusões e dos medos,
Ilumina minha voz para que eu fale com amor e sabedoria.

Toca minha alma com tua trombeta de despertar,
E guia-me ao reencontro com minha missão verdadeira.

Inspira meus projetos, meus sonhos e meus passos.
Que eu renasça em clareza, que eu comunique a paz,
E que minha vida seja expressão do divino em mim."

RITUAL COM IEMANJÁ

AMOR, PURIFICAÇÃO E CONEXÃO ANCESTRAL

Elementos sugeridos:

- Vela azul-clara ou branca
- **Cristal:** água-marinha ou pérola
- **Elementos naturais:** conchas, água do mar, flores brancas (como rosas e jasmins)
- **Oferecimento:** perfume, champanhe, espelhos ou bilhetes com pedidos
- **Decreto:**

"*Iemanjá, Rainha das Águas,*
Mãe dos peixes, das marés e dos mistérios profundos,
Lava com teu manto de espuma as dores do meu coração.

Que tuas ondas levem embora os medos, as culpas, as tristezas,
E tragam de volta a paz, o amor e a fluidez da vida.

Banha meu corpo com tua força maternal,
Purifica minha alma com teu axé de renovação.

Que eu escute a sabedoria das águas
E me conecte com minhas raízes, meus ancestrais,
E com tudo aquilo que é sagrado em mim.

Iemanjá, doce mãe das águas salgadas,
Acolhe meus pedidos, minhas preces.

Eu te reverencio com amor e fé.
Assim é, assim será, assim já é."

RITUAL COM OS PRETOS VELHOS

SABEDORIA, CURA E ACOLHIMENTO DA ALMA

Elementos sugeridos:

- Vela branca ou marrom-clara
- **Cristal:** ônix, quartzo fumê ou jaspe vermelho
- **Ervas e aromas:** arruda, guiné, alecrim, café preto, fumo de rolo ou incenso de benjoim
- **Oferecimento:** café sem açúcar, pipoca, folhas, bilhetes com agradecimentos ou pedidos
- **Decreto:**

"Salve as almas benditas que caminham com fé,
Pretos Velhos de luz, de sabedoria e de amor.

Vós que pisastes a Terra com humildade e olhar manso,
Trazei vossa presença serena ao meu coração inquieto.

Com vosso cachimbo de silêncio e voz de calmaria,
Ensinai-me a escutar, a esperar, a confiar.

Cura minhas feridas com o bálsamo da paciência,
Libertai-me dos pesos que não me pertencem mais.

Preto Velho, preta velha, espíritos de luz,
Abri meus caminhos com oração e bênção."

RITUAL COM OS CIGANOS E SANTA SARA KALI

LIBERDADE, INTUIÇÃO E PROTEÇÃO DO CAMINHO

Elementos sugeridos:

- Vela vermelha, dourada ou violeta
- **Cristal:** granada, turquesa ou olho de falcão
- **Elementos simbólicos:** lenços coloridos, flores, cartas, moedas, vinho ou frutas
- **Oferenda:** vinho tinto, pão doce, incenso de mirra e canela
- **Decreto:**

"*Santa Sara Kali, Mãe do Povo Cigano,*
Protetora dos errantes, guardiã dos segredos e dos desertos,
Cobre-me com teu manto de estrelas e liberdade.

Que tua luz violeta dissolva as dores antigas
E desperte em mim a força da fé e da esperança.

Povos ciganos da luz, dançai ao redor do meu destino,
Com vossos pandeiros sagrados e olhos que tudo veem.

Ensina-me a escutar minha intuição,
A confiar nos sinais do caminho,
A celebrar a vida com coragem e alegria.

Que eu encontre o tesouro da alma
Nos giros da roda, no silêncio das cartas e na magia dos ventos.

Salve o povo do Oriente,
Salve Santa Sara Kali."

RITUAL COM OS ERÊS

ALEGRIA, PUREZA E RENOVAÇÃO DA ALMA

Elementos sugeridos:

- Vela rosa, branca ou azul-clara
- **Cristais:** quartzo rosa, citrino ou calcita laranja
- **Ofertas:** doces (balas, pirulitos, cocadas), flores coloridas, brinquedos, água de coco
- **Incenso:** flor de laranjeira, camomila ou erva-doce
- **Decreto:**

"Erês de luz, crianças encantadas,
Mensageiros da pureza e da verdade do coração,
Desçam com vossa alegria e proteção.

Brinquem nos jardins da minha alma,
Trazendo leveza aos meus pensamentos,
E soprai com vossos risos as nuvens da tristeza.

Curai as feridas que me fazem esquecer
Que a vida também é doce, leve e cheia de cor.

Que eu reencontre minha criança interior,
Que eu a abrace, a honre e a deixe florescer.

Ensina-me a confiar sem medo,
A amar sem cobrança,
E a viver com a pureza de quem ainda acredita nos milagres."

SUGESTÃO DE PRÁTICA DIÁRIA:

No seu Diário de Decretos, escreva todos os dias um novo decreto ou repita aquele que você sente que ainda está se consolidando. Faça-o pela manhã ou antes de dormir. Repita três vezes. Coloque intenção. Sinta. Confie.

CARTAS DE DECRETOS ALQUÍMICOS

Você pode transformar esses decretos em cartas para sortear diariamente no altar, no diário ou na meditação. Pode imprimi-las em papel firme, desenhar ou colar símbolos mágicos, e utilizar uma caixinha ritualística ou uma bolsa de tecido para guardá-las no altar. A seguir, estão alguns modelos:

CARTA 1 – PROSPERIDADE DIVINA

"Hoje eu sou o canal da abundância do universo.
Tudo flui com graça, tudo chega com leveza.
Eu recebo, eu honro, eu compartilho."

CARTA 2 – PROTEÇÃO DA LUZ

"A luz do Criador me envolve, me protege e me guia.
Nenhuma sombra me alcança.
Caminho seguro, coração tranquilo, alma blindada."

CARTA 3 – LIBERAÇÃO DE DORES

"Minha dor é dissolvida na luz do amor universal.
Cada célula do meu corpo vibra cura e paz.
Sou templo sagrado em plena regeneração."

CARTA 4 – CAMINHOS ABERTOS

"Todos os caminhos estão abertos diante de mim.
Onde antes havia bloqueio, agora há passagem.
Eu avanço com coragem e confiança."

DECRETOS PELOS ELEMENTOS DA ALQUIMIA

ELEMENTO	INTENÇÃO ALQUÍMICA	DECRETO SUGESTIVO
Fogo	Ação, coragem, limpeza espiritual	*"Sou fogo criador, transmuto tudo o que não serve. Com coragem, sigo em frente."*
Água	Emoções, cura, intuição	*"Fluo com a vida, deixo ir o que pesa, acolho o que cura. Estou em paz."*
Ar	Clareza, mente, expansão	*"Minha mente é clara, meus pensamentos são leves. Eu respiro liberdade."*
Terra	Enraizamento, prosperidade	*"Sou nutrido pela Terra. Tudo o que preciso vem até mim no tempo certo."*
Éter	Espiritualidade, conexão sutil	*"Eu sou luz em comunhão com o Todo. Estou conectado ao invisível com sabedoria."*

ALQUIMIA DA PALAVRA

✶ **Ritual da Manhã – "Minha Palavra é Luz"**

1. Acenda uma vela branca.
2. Inspire profundamente três vezes.
3. Recite:

✶ **Oração curta:**
*"Pai-Mãe Divina Consciência, hoje me coloco a serviço da luz.
Que cada palavra que eu disser seja bênção,
Que cada pensamentoseja semente de amor."*

✶ **Decreto alquímico:**

Minha palavra é semente de poder e ponte sagrada entre o Céu e a Terra.

Eu crio, eu limpo, eu manifesto.

Que dos meus lábios só fluam luz, verdade e bênçãos.

Que minha voz seja instrumento de cura, expansão e amor.

✶ **Finalize com gratidão e apague a vela com reverência.**

DECRETOS ALQUÍMICOS POR CHACRAS

ROTEIRO DE ALINHAMENTO ENERGÉTICO COM RESPIRAÇÃO E DECRETOS

* **Encontre um lugar tranquilo**. Sente-se ou deite-se confortavelmente. Mantenha a coluna ereta, os pés tocando a Terra ou as mãos sobre o peito e o ventre.

* **Feche os olhos. Respire profundamente.**
  Inspire pelo nariz em quatro tempos...
  Segure por quatro tempos...
  Expire suavemente pela boca em quatro tempos...
  Repita por três ciclos.

* Visualize agora um fio dourado de luz descendo do céu e tocando o topo da sua cabeça, conectando você à Fonte divina. Respire sentindo-se envolvido por essa luz.

1. CHACRA RAIZ – SEGURANÇA E ENRAIZAMENTO

Visualize uma luz vermelha brilhando na base da sua coluna. Sinta suas raízes se conectando com o centro da Terra. Respire profundamente e diga:

Decreto:

"Sou firme como a Terra.
Estou seguro, enraizado e presente.
Confio na vida e no meu caminho."

2. CHACRA SACRAL – PRAZER E CRIATIVIDADE

Visualize uma luz laranja pulsando abaixo do umbigo. Sinta a fluidez da água e da emoção. Respire com suavidade e diga:

Decreto:

"Eu me permito sentir.
Fluo com leveza, crio com amor.
Honro meu corpo, meu desejo e minha criação."

3. CHACRA PLEXO SOLAR – PODER PESSOAL E AÇÃO

Visualize uma luz amarela radiante no centro do seu abdômen. Sinta um sol aceso dentro de você. Inspire profundamente a luz do sol e diga:

Decreto:

"Eu Sou luz em movimento.
Confio em mim, ajo com clareza.
Minha vontade é forte e sábia."

4. CHACRA CARDÍACO – AMOR E CURA

Visualize uma luz verde-esmeralda ou rosa irradiando do centro do seu peito. Sinta o coração se expandindo. Respire no ritmo do amor e diga:

Decreto:

"Abro meu coração à cura.
Eu sou amor, sou compaixão, sou perdão.
Dou e recebo afeto com equilíbrio."

5. CHACRA LARÍNGEO – EXPRESSÃO E VERDADE

Visualize uma luz azul-clara envolvendo sua garganta. Imagine a sua voz como um instrumento de cura. Respire profundamente e diga:

Decreto:

"Minha voz é minha verdade.
Eu me expresso com autenticidade e escuta com presença.
A comunicação flui com paz."

6. CHACRA FRONTAL – INTUIÇÃO E CLAREZA

Visualize uma luz azul-índigo brilhando entre as sobrancelhas. Veja uma estrela de sabedoria se acendendo. Respire com foco e diga:

Decreto:

"Minha intuição é clara.
Vejo além do visível, confio no invisível.
Eu escuto a sabedoria da minha alma."

7. CHACRA CORONÁRIO – CONEXÃO COM O DIVINO

Visualize uma luz violeta acima da cabeça, como uma flor de mil pétalas se abrindo. Sinta-se unido ao Todo e diga:

Decreto:

"*Eu sou um com a luz divina.*
Estou conectado à sabedoria do universo.
Tudo está em mim, eu estou em tudo."

ENCERRAMENTO

1. Respire profundamente mais três vezes, sentindo todos os centros de energia vibrando em harmonia.
2. Leve as mãos ao coração e agradeça: "*Agradeço por este corpo sagrado. Pela luz que me guia. Pela energia que me alinha.*"
3. Abra os olhos suavemente e volte ao presente com leveza.

DIÁRIO ALQUÍMICO DE DECRETOS

Este diário é um santuário para registrar súplicas e decretos sagrados. Há espaço para mergulhar no poder da palavra como instrumento de cura, emoção e conexão com os reinos espirituais, e para realizar seu uso no caminho da consciência espiritual.

FICHA DE CONEXÃO COM O DECRETO

✶ **Título do decreto:**

____

✶ **Ser espiritual invocado:**

____

✶ **Finalidade espiritual do decreto:**

____

✶ **Palavras-chave energéticas:**

____

____

✶ **Elemento associado:**

____

✶ **Chacra que trabalha ou ativa:**

____

✶ **Melhor fase lunar ou horário para uso:**

____

ENCERRAMENTO: A JORNADA CONTINUA

Chegar até aqui não é um fim – é um renascimento.
Você não apenas leu um livro. Você se lembrou.
Das rezas que o vento guarda, dos segredos sussurrados pelas folhas, das águas que limpam o corpo e a alma.
Você atravessou os portais do tempo, tocou a memória viva das ervas, acendeu luzes nas encruzilhadas da sua história, e escolheu voltar ao sagrado com os pés na terra e o coração desperto.

A Alquimia Ancestral não cabe em frascos nem receitas.
Ela é presença.
É quando você escolhe preparar um chá com reverência.
É quando escuta o silêncio antes de fazer um pedido.
É quando entende que não estamos sozinhos: somos muitos dentro de nós. Somos nossos avós invisíveis, nossos guias silenciosos, as sementes que brotam das mãos.

Este livro foi um mapa, mas o caminho é você quem traça.
E agora, com seus saberes reacendidos, que cada banho seja uma bênção.
Que cada vela acesa ilumine gerações.
Que cada palavra dita ou pensada seja uma oferenda de cura para você e para o mundo.

A alquimia não é sobre ter controle. É sobre entrega.
É sobre confiar no ciclo, acolher o invisível, e fazer da vida um ritual diário de reconexão.

Que os encantos da Terra sustentem seus passos.
Que as águas levem embora o que não serve mais.
Que o Fogo sagrado transmute suas sombras.
Que o Ar leve sua intenção aos planos sutis.
E que, no centro de tudo, você permaneça inteiro, lembrando-se: a magia mais forte é aquela que nasce do amor.

Você guarda o sagrado.
Onde você passa, a Nova Terra floresce.

GRATIDÃO

Aos mentores espirituais, guias e guardiões da ancestralidade, que sustentaram, inspiraram e conduziram cada linha, cada palavra e cada ensinamento contidos nesta obra.

A Thyago Avelino. Sua presença é um farol que ilumina o caminho, fonte constante de inspiração, parceria e amor pelo propósito maior que nos une: servir à espiritualidade, despertar consciências e resgatar memórias sagradas. Que nossa caminhada continue reverberando nas muitas obras que já construímos e nas que ainda construiremos juntos.

A Edmilson, Neide e Rackel, da Editora Alfabeto, por me ajudarem a difundir o resgate da alquimia ancestral e por fazerem parte de um compromisso espiritual: partilhar saberes, honrar os ancestrais e manter acesa a chama dos conhecimentos que curam, transformam e libertam.

À Maria Paula, que me acompanhou com olhar atento e sensível ao longo desta jornada — nos diálogos, nas reflexões e na inspiração presente em cada preparo alquímico e vídeo gravado — com a certeza de que a espiritualidade se une à beleza do fazer, do servir e do manifestar.

A você, que acreditou que a alquimia ancestral pode transformar nossas vidas. Que a mão invisível que rege nossos destinos continue a nos guiar, e que este livro seja um instrumento de cura, reconexão e lembrança daquilo que verdadeiramente somos: alquimistas da própria existência.

Sobre o Autor

FÁBIO DANTAS é presidente do Centro de Formação Espiritual Águas de Aruanda. Doutor em Direito, mestre em Direitos Humanos, graduado em Direito e Letras e pós-graduado em Direito Educacional, Gestão Pública, Ciência das Religiões e Marketing Digital, hoje faz graduação em Cinema e Audiovisual. É advogado e especialista em Políticas Públicas e Gestão Governamental. Ainda, é psicanalista com formação em Constelação Estrutural, Coaching Sistêmico, Ativismo Quântico, Cartas Terapêuticas, Tarô, Fitoterapia, Cristais e Florais, Master Hipnose e Resgate de Memórias, Herbalismo. É cocriador da Mesa Conexão Estelar e voluntário de projetos sociais para humanos, animais e plantas. Autor de 18 livros, entre eles *EU SOU* e *EU TE BENZO*, pela Editora Alfabeto.

@fabio.dantasoficial

fabiodantas.oficial

aguasdearuanda

aguasdearuanda.org.br

REFERÊNCIAS BIBLIOGRÁFICAS

ALBUQUERQUE, Ulysses Paulino de. As *Folhas Sagradas: As plantas litúrgicas e medicinais nos cultos afro-brasileiros*. Recife: Universidade Federal de Pernambuco, 1997.

ALBUQUERQUE, Ulysses Paulino de. A *jurema nas práticas dos descendentes culturais do africano no Brasil*. In: MOTA, Clarice Novaes da; ALBUQUERQUE, Ulysses Paulino de (Org.). As *Muitas Faces da Jurema: De espécie botânica à divindade afro-indígena*. Recife: Bagaço, 2002.

ATLAS *Ilustrado de Plantas Medicinales y Curativas*. Madri: Susaeta Ediciones, 2007.

BALBACH, Alfons. As *Hortaliças na Medicina Doméstica*. 26. ed. São Paulo: A Edificação do Lar, 1975.

CARDOSO, Eni. *Astrologia e Autoconhecimento: Um recado do céu para quem crê em estatística*. Aracaju: Oxente, 2020.

DANTAS, Fábio. A *Magia das Cartas Terapêuticas: Controle suas emoções, tome melhores decisões e equilibre a sua vida com o poder dos arquétipos e do alinhamento dos chacras*. São Paulo: Planeta do Brasil, Selo Academia, 2018.

DANTAS, Fábio. *Ervas e Benzimentos: O livro sagrado*. Inspirado pelo espírito Pai Benedito de Aruanda. São Paulo: Planeta do Brasil, 2023.

DANTAS, Fábio. O *Poder do Arcanjo Miguel*. São Paulo: Planeta do Brasil, 2025.

DANTAS, Fábio; AVELINO, Thyago. *Águas de Aruanda*. 2. ed. revista e ampliada. Aracaju: Acura Editorial, 2020.

DE'CARLI, Johnny. *Reiki Universal*. São Paulo: Butterfly, 2014.

FAUR, Mirela. *Mistérios Nórdicos: Deuses, runas, magia, rituais*. São Paulo: Pensamento, 2007.

FREUD, Sigmund. A *Interpretação dos Sonhos*. Edição almofadada. São Paulo: Principis, 2020.

HALL, James A. *Jung e a Interpretação dos Sonhos: Um guia prático e abrangente para a compreensão dos estados oníricos à luz da psicologia analítica*. 2. ed. São Paulo: Cultrix, 2021.

HALL, Judy. A *Bíblia dos Cristais: O guia definitivo dos cristais*. São Paulo: Pensamento, 2008.

HAND, Robert. *Planets in Transit: Life cycles for living*. 1. ed. Atglen: Schiffer Publishing, 2002.

HODSON, Geoffrey. O *Reino das Devas e dos Espíritos da Natureza*. São Paulo: Pensamento, 1991.

HOROWITZ, Leonard G. et al. *The Book of 528: Prosperity key of love*. Las Vegas: Tetrahedron, 2019.

LARA, Berenice de. *Elixires de Cristais: Um novo horizonte interior*. São Paulo: Novo Horizonte, 2015.

LARA, Berenice de. A *Essência dos Cristais e Metais: Seu uso nas terapias naturais*. 1. ed. São Paulo: Travassos Editora, 2017.

MAGALHÃES, Álvaro. *Grande Manual Globo: Plantas medicinais e indicações terapêuticas por espécies*. v. 7. Porto Alegre: Globo, 1978.

MALLON, Brenda. A *Bíblia dos Sonhos: O guia definitivo para ajudar você a decifrar o mundo dos sonhos – mais de 300 símbolos e seus significados*. São Paulo: Pensamento, 2013.

MENEZES, Javert de. *Cafeomancia: A leitura da borra de café*. São Paulo: Alfabeto, 2019.

PRADO, Ana Cristina. *Fitoconsciência: Fonte de manifestação da planta*. Aracaju: Acura, 2020.

PRADO, Ana Cristina. *Phytoconsciousness*. 1. ed. São Paulo: Clube de Autores, 2021.

RÄTSCH, Christian. *The Encyclopedia of Psychoactive Plants: Ethnopharmacology and its applications*. Rochester, VT: Park Street Press, 2005.

RÄTSCH, Christian et al. *Witchcraft Medicine: Healing arts, shamanic practices, and forbidden plants*. Rochester, VT: Inner Traditions, 2003.

RUDHYAR, Dane. *The Astrology of Personality: A re-formulation of astrological concepts and ideals, in terms of contemporary psychology and philosophy*. 2. ed. Aurora, Colorado: Seven Stars, 1987.

SIMMONS, Robert; AHSIAN, Naisha. *O Livro das Pedras: Quem são e o que ensinam*. São Paulo: Madras, 2017.

THOMSON, William A. R. *Guía Práctica Ilustrada de las Plantas Medicinales*. Barcelona: Blume, 1981.

TRÊS INICIADOS. *O Caibalion: Estudo da filosofia hermética do Antigo Egito e da Grécia*. São Paulo: Pensamento, 2021.

VALENTIM, Victor. *Magia Celta: Encantos, ritos e saberes ancestrais*. São Paulo: Alfabeto, 2025.